# Unsolved Mysteries

# Mysteries

## of World Archaeology

# 世界考古未解之谜

◎胡志峰 蒋祝平/编著

光明日报 出版社

人类历史实在太丰富了，由于文字记载极为有限，任何历史资料都无法对它作一个 总结性的概括。众所周知：人类曾经生活在地球的各个角落，在不同的时间，分别以各 自独特的方式跨入了文明的门槛。古代人类曾经活动过的许多地方隐藏在鲜为人知的地 方（如丛林、海底）；有的大半已经消失，只留下了蛛丝马迹（如消失在热带丛林中的 玛雅都市）。许多的考古未解之谜亟待我们去破解，诸如人类究竟从何而来？它诞生多 久了？我们的祖先是怎样生活的？古埃及金字塔是怎样修建的？古希腊克诺罗斯王宫是 怎样消失的？……诸如此类的考古未解之谜我们不能也无法凭空去想象，对古人类文明 的起源发展进行探索和发掘就成为一项极为重要的科学研究课题和现实而紧迫的工作。 考古的出现与走向成熟为我们找到了一条回归历史的途径，它让我们看到人类演进的清 晰进程。

在人类漫长曲折的发展过程中，有相当多的古文明要么在时间的长河里归于无形 （如已经消失了的尼安德特人），要么就是充满迷雾，我们一直试图拨开这些迷雾，将人 类在过去数百万年里所发生过的故事展示在读者的面前。考古工作恰好就是在"探索和 寻找过去的世界，用考古学家的发现，把古代人类及其创造的文化生动地重现出来"。 罗马城的考古使我们看到了2000多年前古庞贝城和赫库兰尼姆城的壮观，希腊考古发 现使传说中的特洛伊城和克诺罗斯王国成为信史。这些文化古迹所散发出的巨大魅力像 磁石一样吸引着人们的目光。所以说，考古工作是在寻找失落已久的文明，是考古工作 者用锄头、锤子、铲子再现过去，虽然考古工作本身就像古人类文明一样充满神秘，但 考古工作给我们带来的多次惊喜使我们知道：许多被认为只是近代才有的东西，实际上 已有古远的源头，考古发现至少证明了古人的才智、力量比我们想象的更为高明和复杂。

本书从一个崭新的视角来研究和探索世界考古史上的未解之谜，参考了大量的文 献、考古资料，选取世界考古史上影响大、受公众关注度高的考古大事，通过科学严谨 的文字叙述，从古人类的遗迹、解读古文明的密码、埋在地下的荣华、神奇的语言文 字、寻找消失的历史和古人智慧悬案等6个方面透析世界考古，将考古的真相娓娓道来，把曾经失落的

文明展现在读者面前。另外，我们选择了 400 余幅精美的图片，通过 简洁明朗的版式设计和文字的有机结合，达到具象、直观的阅读效果，力图营造一个逼真的场景，引领读者来到考古现场，零距离感受世界文明的魅力，全方位观察古人创造 的文字、建筑、雕塑、科技成就，触摸真实生动的古代社会，为读者提供无限的想象空间和广阔的文化视野。本书还可以 作为艺术图集来欣赏，同时又可以 作旅游者的参考书籍。本书的编排紧扣考古类书籍向科普性、通俗性 发展的方向，用通俗易懂而又充满 趣味的语言讲述考古过程一次次重 大的收获，书上还附有地图、年表和 名人对考古未解之谜的论述。有本 书作为帮手，无疑能让人更清楚地 知道异国他乡有哪些珍贵古代文明 财富，对开阔眼界，增长知识都大有 裨益。

　　当然，因篇幅所限，要用本书对世界所有的考古发现作一个全面而 系统的介绍是不现实的，编者精选 了近 50 个在全世界有较大影响的考 古未解之谜，采用史料与实物并举 的方式，使远去的历史揭开它神秘 的面纱，给读者一窥真相的阅读快 感，用图文并茂、深入浅出的形式， 再现考古活动的丰富与变幻，同时 折射出人类对文明兴衰的追怀与感 悟、对历史发展的深思、反省及对人 类自身命运的追问和关怀，让读者 从中获得思考与发现的乐趣。

**标题**

位于页面最上方，醒目的字体，使读者第一时间明白本篇文章的关键词，明白本篇文章要揭开的考古未解之谜是什么？

**书名**

任你随便翻开一页，都知道你当前所读的书。

**图注**

帮助你正确、快速地理解精美图片要表达的含义。

**精美图片**

包括考古遗址、遗物及考古现场图片等，这些精美图片可以使你更深刻地理解考古的巨大魅力。

# 阿迪密斯神庙建造之谜

充满神话色彩和宗教气氛的阿迪密斯神庙坐落在希腊的埃菲索斯喀斯特河口的平原上。被希腊人们称为是"希腊的神奇"和"上帝的居所"。

阿迪密斯是古希腊的一位女神。直到公元4世纪末期，当地的埃菲索斯人仍然是她忠实的崇拜者。在圣窗上有她的塑像。塑像的技法是粗糙的，僵硬而呆板，在塑像的身上刻满了各种图画。有公牛、狮子、鹿，还有带翅膀的怪兽，其中有狮身人面的形状和半人半鸟的图像。学者认为这座神庙是古希腊精妙的艺术和东方精神的完美结合，是世界的共同拥有的一个来自神的馈赠。

目前，人们并没有清晰的神庙的架构，只是通过发掘出来的残存物进行推测。从神庙出土的钱币上可以看到庙的支柱是经过雕琢的圆形基座，这在其他的庙宇建筑里是常见的，并不能说明它的特色。在钱币上，还可以看到平台的外延，距离很长，人们想象神庙一定是一个极大的，向外扩展的造型，以象征神的无限包容能力。尽管柱子的确切数目和它们各自的位置还存在疑问，但这种做法在萨莫斯神庙里已经存在。一些保存较好的钱币向我们呈现了神庙的屋顶结构和山墙的设计。它的中央并没有顶，而是10根圆柱，在和中央相连的部分是由屋宇的结构的，由于考古学家又发现

阿迪密斯神庙遗址。其中作为神庙支柱的10根大圆形的石柱依然保存完好，似乎是神庙存在的见证，它的默默无闻也见证着曾经辉煌的过去。

**小知识点**

采用专家评说, 名
人推介及最新观点,
对现有内容作进一
步阐述, 使读者对
考古有一个更明了
的认识。

希腊的神庙是
古希腊建筑中最具特色的
代表, 几乎每一座神庙都是多种
建筑风格相融合的圆柱式建筑, 主要材
料都是取自当地的灰色石灰岩, 这些神庙的
外部一般都朴实无华, 内部的装饰却十分精美,
门廊一般都采用爱奥尼亚式圆柱, 前殿和后殿都采
用巴洛克式圆柱。主殿中则有一根科林斯式圆
柱。这些看似相同的圆柱其实实际上都
体现了古希腊每一个地方独具特
色的建筑风格。

了内殿区内有排水沟的迹象, 证明了这
座神庙是露天的, 但有的专家从黏土制
的屋顶砖和喷水头的方面出发, 坚决说
神庙的屋顶是存在的。

神庙建筑的神秘来自于物质的难以
存留和现代人们丰富的想象力, 但真正
神秘的是来自阿迪密斯的魅力。在发掘
现场, 最壮观的是成堆的塑像, 是由金
子、象牙或黏土制成的小型塑像。我们
无法想象在古罗马和古希腊中女神的神
秘力量有多大, 神庙的非凡构造应属于
那些具有重大作用的人, 这是不是表明
在古希腊女性依然像原始社会那样具有
绝对的位置?

现在, 人们依然崇拜着这位来自远
古的女神。来自各地的香客和旅游者为
重建庙宇做出了不可磨灭的贡献, 工匠
出售他们的塑像和一些精巧的制作品,
变换各种能够增加魅力的形状。阿迪密
斯以她的精神使神庙得以圣化, 神庙也
使女神的精神发挥到了相当的水平。

在古希腊, 庙宇有双重功能, 它一
方面是宗教圣地, 另一方面是战争和瘟
疫的避难所。对于所有的逃难者来说,
圣庙的遮风避雨时女神的最好的照顾,
在 6 世纪, 一个妙龄的少女遭受残忍的
暴君毕达哥拉斯的追捕, 逃往神庙, 在
绝望中悬梁自尽。后来, 波斯王耶克萨
斯被希腊人打败, 无路可走, 为了保存
自己的后代, 将他的孩子送往阿迪密斯
神庙。这座庙宇曾经承受了希腊和罗马
人民的风风雨雨, 它是历史的见证, 是
多难的人们的庇护所, 在今天, 它的建
筑已经被毁灭了, 甚至都无法去恢复和
想象出它的历史风貌, 但它依然吸引了
众多的朝拜者。阿迪密斯的多乳塑像和
相似的塑像在今天还存在。考古学家和
地质家一直没有停止对神庙的发掘和测
量, 从各种发现的古文物中探索神庙的
遗留, 重新绘出神庙的原样, 使考古学
家最大的愿望, 因为阿迪密斯神庙是古
希腊人灵魂的表达方式。尽管神庙和她
的主人有着巨大的魔力, 但神庙的建筑
结构和女神的身份和力量, 并不清晰,
这个建筑来自远古, 也带来了难以解开
的古老的谜。

**正文**

用通俗易懂、精确
生动的语言讲述动
人的考古过程, 步
入考古给你带来的
美好的感受。

**书缘**

提示书名, 提醒你
快速步入世界考古
未解之谜的美妙读
书旅程。

Unsolved Mysteries
World Archaeology

# 目 录
CONTENTS

第 1 章

## 古人类的遗迹——
## 从化石中发现的奥秘

第 2 章

## 埋在地下的荣华——
## 古城镇王国

第 **3** 章 *THREE*

## 神奇的语言文字——
## 古文明的钥匙

# 目 录
## CONTENTS

## 第4章 FOUR

## 寻找消失的历史——
## 传说背后的真实故事

第**5**章

FIVE

## 古人智慧悬案——
## 破译古代科技之谜

扫码获取
更多资源

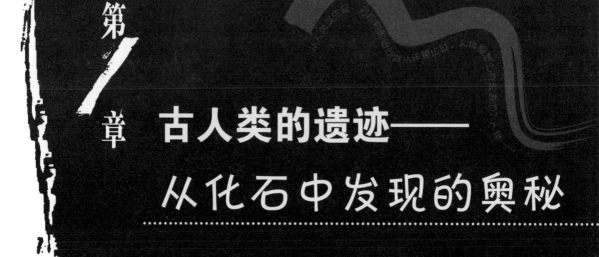

## 人类的年龄到底有多大？

从人类诞生起，对自身的追问就从未停止过。人类是怎样起源的？人类又是怎样进化的？人类的年龄到底有多大了？这些问题一直萦绕在人们心中，促使人们不断地去探索、去追寻。

中国学者们根据"北京猿人"，也就是早期称为"中国猿人"的、在北京周口店

公元前48亿年

太古代
公元前48亿～公元前57000万年

古生代
公元前57000万年～公元前25000万年

公元前57000万年

中生代
公元前25000万年～公元前6500万年

新生代
公元前6500万年～现在

公元前6500万年

公元前230万年

这张图标注的是早期人类在地球上分布的示意图。一般来说，学术界普遍认为人类诞生在 100 多万年前。

发现的猿人的资料，推测出人类的诞生已经有了50万年的历史。而与此同时，外国的学者却依据"爪哇猿人"的化石，认为人类的年龄已经有100万年的历史。后来，随着东非地区坦桑尼亚"东非人"与"能人"化石的发现，随着肯尼亚等地砾石工具的发现，学者们又认为，人类的诞生已有200万年的历史了。除了这些含混的观点外，还有人认为人类的年龄已有300万年，甚至500万年等说法。看着学者们莫衷一是的观点，我们更加的困惑了：人类的年龄到底有多大了？今后关于人类年龄的说法还会有变化吗？如果有变化，是否变的更久远呢？的确，从现有的资料来看，"先木器论"与"先木器时代论"的说法是有一定道理的。如果这样的两种观点能够得到大多数的学者的公认，那么人类的年龄之说，很有可能是要大大的提前了，那么能提前多久呢？从什么时候开始提前呢？

要测定人类的年龄，自然要从发现的最古老的人类化石算起。自从1973年开始，在埃塞俄比亚的哈达一带330万到290万年的地层里，出土了大批化石，学者们认为，其中一部分，应该是人类的化石；同时同地所出土的"露西少女"化石，显示其生存年代应该在350万年前左右。1974年，在距离奥杜威峡谷40余公里的莱托里尔，出土了13块化石，这些化石应该是属于人的系统或人科的化石。其中一块下颌骨，被明确的定为了人属，用钾氩法测定这个下颌骨的主人的生活年代距今已经有了335万到375万年。1965年，布·帕特森在肯尼亚的图尔卡纳湖西南的卡纳坡发现一块肱骨化石，判断它的年龄在400万年之前。这个化石与现代人的肱骨相似。学者们以"功能鉴别分析法"测定其功能特点已经接近人类。从1932年到1967年，国际科学考察队在埃塞俄比亚的奥莫盆地的70个地点发现有人类化石，年代最古的在400万年前。1982年美国加里福尼亚大学的学者们在埃塞俄比亚的阿瓦什河谷发现了十分完

这张图标注的是早期人类在地球上分布的示意图。一般来说，学术界普遍认为人类诞生在300多万年前。

整的"原始人类化石",也就是我们通常所说的"露西人","露西人"的定年也在400万年之前。所有这些挖掘表明东非一带300万～400万年前就已经有了人类,这表明人类至少已经有了300万～400万年的历史了。但是,有没有新的证据表明人类的出现比这更早呢?答案是肯定的。我们已经出土了足够多的化石来支持我们的观点的。

1984年,肯尼亚与美国的专家合作,在肯尼亚发现了一块500万年前的古人类颚骨化石。参加发掘的美国哈佛大学人类学专家D.匹尔比姆说,以往的发掘表明东非一带300万～400百万年前就有人类,这次出土的颚骨,把人类地球上的出现又向前推进了100万年。

尽管这些化石的出现没有石器伴存,有的还在争论之中,但从总的情况来看,通过"化石形态"与"功能鉴别分析法"已经基本判定它们属于"人属"。如果按照"先

大约400万～500万年前,地球上的陆地上到处遍布草木,气候湿润,特别适合动物生存,这是世界上第一批人科动物进化为人的重要自然环境之一。

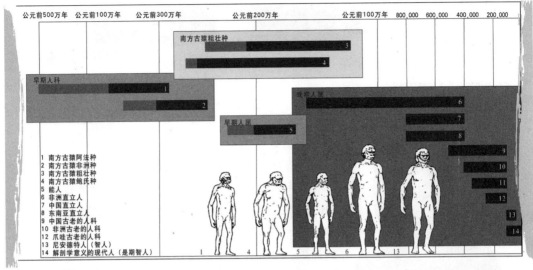

南方古猿粗壮种

早期人科

晚期人属

早期人属

1 南方古猿阿法种
2 南方古猿非洲种
3 南方古猿粗壮种
4 南方古猿鲍氏种
5 能人
6 非洲直立人
7 中国直立人
8 东南亚直立人
9 中国古老的人科
10 非洲古老的人科
11 爪哇古老的人科
12
13 尼安德特人（智人）
14 解剖学意义的现代人（晚期智人）

人类起源示意图。

"木器论"的观点，它们就是通过木器制造而转变成人的。因此，人类的年龄已经不是 200 万年，最少也是 300 万年之前，甚至有 400～500 万年的可能。

综前所述，人类的年龄已经有了 50 万年、100 万年、200 万年、300 万年与 400 万年（先木器论的说法）等说法，但没有一种说法是可以作为定论的。因为 50 万年、100 万年，200 万年与 300 万年等说法都被否定了，随着考古资料的增多，更古老的人类化石将会不断地出现，这些说法的不足之处是显而易见的。而 300 万年之前与 400 万年之说证据尚嫌不足，就是连"先木器论"与"先木器时代论"本身能否成立尚处于争论之中，更何况由它们推断出来的结论。

就目前情况来看，"300 万年"之说属于多数，但世界上已经发现的最古老的打制石器也不过只有 250 万年的历史。尽管"先木器论"与"先木器时代论"的说法还有争论，但随着考古学与人类学资料的不断丰富，300 万年之前与 400 万年之说的证据必将日益增多，但是它是否最终会得到学者们的公认呢？这样的说法的前途究竟如何，这些都不是目前的我们可以预料的。如果依据东非地区现有资料来说，人类的年龄已经不是 200～300 万年，而是 300 万年之前，或者更长。至于能提前多少，目前尚难定论。

相对于地球诞生的漫长岁月来说，人类的诞生简直可以说是弹指一挥间的事。如果将地球的诞生压缩成一天的话，直到中午 12 点，地球上才有最原始的生命在蠕动；下午 6 点，各种植物开始出现；晚上 10 点，开始出现鱼类；晚上 11 点 45 分是恐龙在地球上称霸；直到 11 点 59 分 30 秒，最原始的人类才开始在地球上活动。

13

# 人类是由猿进化来的吗？

350万年的南方古猿阿法种人复原图，人类学家普遍认为他具有现代人的基本特征。

19世纪中期，英国伟大的博物学家达尔文发现了一套轰动全世界的理论——生物进化论。1831年，达尔文参加了英国海军"贝格尔"号巡洋舰的环球航行，在南美洲地区整整航行了5年，对热带与亚热带动植物进行了广泛的考察。回国以后，根据对生物界大量的观察与实验，他得出了自己的结论：他认为物种的形成及其适应性和多样性的主要原因在于自然选择，生物不断发生变异的原因就是为了适应自然环境和彼此竞争。适应生存环境的变化，通过遗传而逐代加强，反之则被淘汰。归纳起来就是：物竞天择，适者生存，优胜劣汰。达尔文的这套学说，奠定了进化生物学的基础。他还将进化论用于人类发展的思考，阐明了人类在动物界的位置及其由动物进化而来的依据，得出了人类起源于古猿的结论。

达尔文在《物种起源》中提出人类起源于古猿的说法，经过一番激烈的学术辩论和宗教界的大争论、进化论渐渐被科学界所接受。在以后的岁月里，古生物学家通过对古生物化石的研究，在达尔文学说的基础上，形成了现代人类起源说。

然而，进化论真的反映了人类起源的真实情况吗？人类真的是猿进化而来的吗？根据进化论，人类的进化可分为了三个阶段：1400至800万年前的古猿，400至190万年前的南猿和170至20万年前的猿人。明显的，在古猿与南猿之间有400万年的空缺，在南猿与猿人之间有20万年的空缺，但是，直到现在，我们也没有发现任何的关于人类起源中间过渡阶段的化石，这就给传统的进化论提出了挑战。1958年，美国国家海洋学会的罗坦博士，在大西洋3英里深的海底，拍摄

类进化模拟图。
左起依次为：南猿〉能人〉直立人〉海德堡人〉尼安德特人〉
现代人〉现代智人（下）。

在人类的进化史中，存在有几百万年的水生海猿阶段。他们的理由是 800 至 400 万年前，在非洲曾有大片的陆地被海水淹没，迫使部分的古猿下海生活，进化为了海猿。几百万年后，海水退却，海猿重返陆地，它们是人类的祖先。这就是"海猿说"。

15

"海猿说"发现人的许多的生理特征是存在海豹、海豚等水生哺乳动物身上的。比如，所有的灵长类动物都是浑身有浓密的毛，而人与水兽一样，是皮肤裸露没有体毛；再有，灵长类动物是没有皮下脂肪的，人却与水兽极其相似，人是有皮下脂肪的；第三，人类眼腺分泌泪液以及排出盐分的现象，

看见过一个奇怪的生物，脸像猴子，脖子比人长 4 倍，眼睛像人眼但要比人眼大得多。20 世纪 30 年代，美国南卡来罗纳州比维市郊的沼泽地区，多次发现过"晰蝎人"，它们高达 2 米，长着一条大尾巴，每只手仅有 3 根手指，可以直立行走，力气大得惊人，能轻易掀翻汽车。这种生活在水中、沼泽中的类人生物，其祖先又是谁呢？

因此，有人提出了这样的假设：化石空白期人类的祖先不是生活在陆地上，而是生活在海洋中。也就是说，

也是水兽所具有的特征。这在灵长类动物中是绝无仅有的；还有，妇女在水中分娩是没有痛苦的，婴儿天生的喜欢水，并有游泳的本领，这些都说明了人类与

水的关系是非同寻常的。

猿类和人类曾在千百万年中走过共同的进化之路，到大约 500 万年前左右，他们开始分化，人类的前身终于站了起来，并形成了新的骨骼和肌肉，猿类却没有发生相应的变化。不同的发展道路决定了他们成为两个不同的种群——人和类人猿。

近年来，一系列的发现又重新唤起了人们对生命天外来源说的热情。首先，生命尽管是多样的，它们都有着相似的细胞结构，这使得人们不得不问：既然地球上的生命是由无机物进化来的，那么为什么不会产生多样的生命模式？还有，钼在地球的含量是很低的，但是钼在生命中有中重要的作用，这又是为什么呢？第三，人们不断地从天外坠落的陨石中发现有起源于星际空间的有机物，其中包括了构成了地球生命的全部要素。这使得的人们深信：生命不仅仅为地球所垄断。人类起源于外星人的假设，是近几年来西方最新的一种假设，它是由西方科学家马莱斯提出来的，其根据是在圣地亚哥发现的一个 5 万年前的头骨化石。他研究了这个头盖骨后认为，这具头盖骨所代表的人种，其智力要远远高于我们

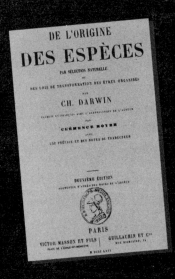

达尔文的生物进化论提出了人是由猿类进化而来的理论，引起了巨大的轰动，它与能量转化与守恒定律、细胞学说并称 19 世纪三大科学发现。进化论的提出，在生物学领域，思想界以及农业生产和园艺实践中都产生了划时代的意义。

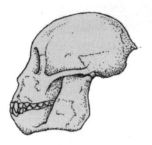

1800万年前的普罗猿是最早的人类动物。在它的身上已经形成了许多现代意义上人的特征。如它的大头盖骨同现代人已经非常相似；它的前肢与后肢已开始分工。这些都是从猿到人必须具备的条件。

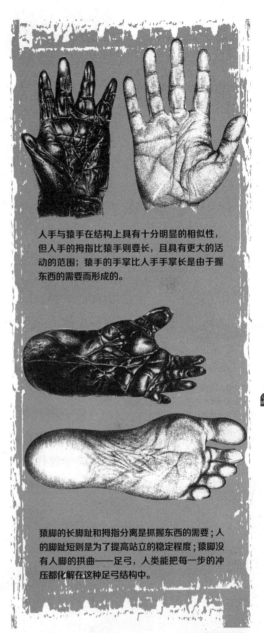

人手与猿手在结构上具有十分明显的相似性，但人手的拇指比猿手则要长，且具有更大的活动的范围；猿手的手掌比人手手掌长是由于握东西的需要而形成的。

猿脚的长脚趾和拇指分离是抓握东西的需要；人的脚趾短则是为了提高站立的稳定程度；猿脚没有人脚的拱曲——足弓，人类能把每一步的冲压都化解在这种足弓结构中。

头骨，进而提出人类祖先是外星人的假说。他认为，外星人与地球上智力水平较高的雌猿进行杂交，生下的后代就是人类，因此，外星人是人类的祖先。

不难看出，现代人类起源的各种假设，从思维上可以分为两大类：一类将人类起源的原因归结为地球以外的偶然因素，即人类不是地球生物自身演变的结果，而是由宇宙深处来的高智慧生物创造的，像外星人创造人类说；一类则坚持认为人类的起源只能从地球自身的发展来考虑，不论怎么变化，人类总是地球生物自身进化的结果，像生物进化论。

科学在发展，研究在发展，人类必将用自己的智慧，来揭开自身的谜团。

# 什么人是现代智人的起源？

黑猩猩、南方古猿及现代人大脑容易的比较示意图。脑量大增是人类进化的最显著标志之一。

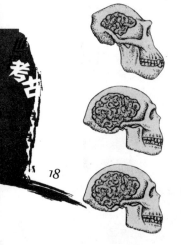

现代智人刚产生时的生活环境。这是美国科罗拉多一处保存很完好的古人类活动遗址。它使我们能大概了解古人所处时代地球上的自然状况。

　　大约距今 4 万～5 万年前，人类的体质已经发展到与今天的现代人没有太大差别的程度，称为了现代智人。这一时期，冰河渐渐消退，天气转暖，人不仅居住在山洞里，也居住在平原上，这时，除了两极之外，地球上其他地方都已经有人类的居住了。那么究竟什么人算是现代智人了呢？现代智人是如何进化的呢？什么人是现代智人的起源呢？

　　被古人类学家称为晚期智人、现代智人或干脆就叫作现代人的是最早的在身体的解剖结构上与现代人完全相同的人类，现代智人与早期智人形态上的不同主要表现在面部以及前部的牙齿缩小，眉脊减弱，颅骨的高度增加，使其整个脑壳和面部的形态越来越与现代的人一样。他们的整个躯干的结构表明他们已经完全能直立行走，脑容量达到了 1400 毫升以上，他们的出现表明人类体质发展的过程已经到了最后完成的阶段。

　　关于现代智人的起源问题，目前存在两种截然不同的假说。一种假说认为现代智人起源于直立人群，直立人经过演化成为现代智人，这种假说被称为多地区进化假说；另一

早期的现代人山顶洞人居住的岩洞。
明暗对比强烈的住所显示了早期人类适应不同气候环境的方式。在中国的周口店，生活于公元前46万年至23万年的世代直立人一直在在如图所示那样的石灰石洞穴里，用来取暖的火同时也用来烤炙食物和防备野兽。在气候稍微温暖的法国南部，早期人类住在用叶子茂密的树枝搭成的临时木棚里，利用小树做成简陋的骨架，再把树枝固定在骨架上，就建成了一个可以居住的木棚。

剖学上呈现一定的连续性变化。持非洲起源说的科学家的主要证据则来自各种理论分析和考古研究，现代分子遗传学的研究成果也有力地支持这一假说。究竟谁是谁非呢？我们先看考古中最重要的化石资料。那么在现代智人的起源问题上，化石的资料是什么样的呢？

在埃塞俄比亚东北部地区发现了3个头骨化石，是年代最早、保存最完整的"现代人类直系祖先"化石，包括基本完整的一个成年男子头骨、一个儿童头骨和一个残缺的成年人头骨。他们的解剖学特征显示了他们是人类进化过程中的一个重要环节，因为现代人类的面部特征已经显现：明显的前额，扁平的面部和淡化的眉毛，这与早期人类向前凸出的头骨特征已大为不同。他们是不是已经可以称为现代智人了呢？

现在最早被发现的现代智人化石是法国的克罗马农人，但是迄今发现的生活时代最早的现代智人的化石都出现在

种假说则认为现代智人在约10万年前起源于非洲，并走出非洲扩张到世界各地，取代了当地的直立人和远古智人。走出非洲的这部分智人进一步演化为现代智人，这样的假说称之为非洲起源说。持多地区进化假说的科学家，他们的主要依据来自于对各种化石的研究，研究结果表明当地的古人化石与现代人在解

非洲大陆，包括年代在距今 10 万年以上的南非的边界洞人和年代最早为距今 12 ～ 13 万年，最晚为距今 6 万年的克莱西斯河口人，克莱西斯河口人在这个地区生活的时期至少长达 6 万年之久。除此之外，还有埃塞俄比亚的奥莫人，他们的生存年代为距 13 万年。以及在坦桑尼亚莱托里地区发现的现代智人他们的生活年代为距今 12 万年。同时，比过去的石器技术更为进步的、在窄石叶基础上发展起来的石器技术也在 10 万年以前就在非洲开始出现。而那个时候的欧洲还是掌握着相对原始的莫斯特技术的尼安德特人的天下。

但是，非洲的上述人类化石，其形态接近于现代人，其年代的可靠程度不一，都存在一些问题。现有的证据也不能肯定非洲撒哈拉沙漠以南的解剖学结构上的现代智人分化较早的观点。人类是否就是非洲起源的呢？现有的证据是不能完全地证明这个观点的。

至于多地区进化假说，是有一定的依据的。现代智人是否是由直立人进化的呢？在直立人发展到现代人的过程

现代智人迁徙路线图。

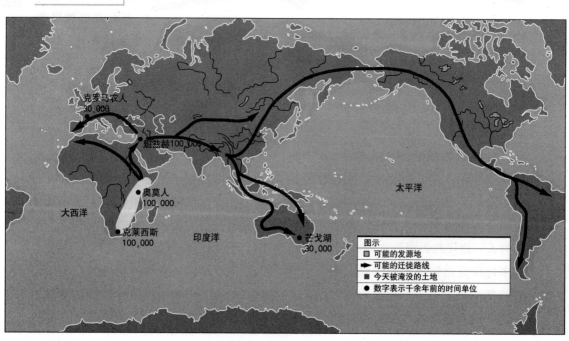

这是 20 世纪 30 年代在以色列加尔默山的斯库穴发现的智人遗骸，这是一个成年的男性的头骨及其它骨骼，科学家通过碳 14 测定法得知他是生活在 10 万年前的早期智人，这意味着他们要比克罗马家人和古尼安德特人要早三倍的年代。这些遗骸是真正意义上的现代智人，也是完全意义上的现代人，不管从学术研究上还是医学解剖学意义上来看。

大量地制造和使用简单工具是晚期智人的生活范围和获取食物的范围得到了进一步的扩大。这枚带有侧刺的鱼叉是大约 1200 年前的晚期智人使用的工具。它充分说明智人已经进化成了完全意义上的现代人。

中有一个中间阶段，那就是尼安德特人。解剖学的证据表明，尼安德特人的头骨有许多原始的近似猿的形状，是从直立人发展到现代人的中间环节。但是，也有的学者根据一些年代比尼安德特人更早，而形态上却远比尼安德特人更为现代的骨骼化石，认为尼安德特人不是现代人的祖先，而是与现代人祖先平行发展的另外的一种类型。现代智人是由尼安德特人以前的智人演化而来的。那么，究竟是什么样的直立人进化成了现代智人呢？在这个问题中有一个关键点就是尼安德特人的命运问题。尼安德特人究竟到哪里去了呢？他们是现代智人起源的祖先吗？根据从考古挖掘的地层中尼安德特人的突然消失并为现代智人所代替的现象认为这种迅速的变化发生在 3 至 4 万年之间，但是这样短的时间里可能发生这样巨大的变化吗？因为近来的众多的证据也表明，实际上进化的时间要长得多，也就是说直立人进化为现代智人是值得再认真思考的问题，是需要更多的考古资料来支持的。

关于人的起源
问题一直是人们探讨的话题，曾经有多种说法流行，其中最具代表性的有三种：一是神造说，在中外各民族中都有许多关于神造人的说法，罗马教廷甚至将神造人的"时间""精确"的"推算"到具体的年月日时分；二是自然产生说，持这种说法的人认为人与其它生物一样是自然产生，但这种说法因缺乏让人信服的说服力很快便销声匿迹了；三是由猿进化而来，自从 19 世纪达尔文提出这种观点后，经过一番激烈的大讨论，进化终因其有充足的证据和强有力的科学说服力逐渐为科学界接受。

# 东非是人类的发源地吗?

人类的发源地在哪里？自 20 世纪 50 年代在东非大量出土距今 200 万～400 万年前属于早期人类的化石后，非洲已经被普遍认为是人类起源的首选地。因为在非洲发现的早期人类化石，从埃及古猿到非洲最早的直立人，前后相继，中间没有缺环，形成一个发展序列，所以从 60 年代起人们就公认人类起源在非洲。

其实早在 1871 年，达尔文在《人类起源和性的选择》一书里就推测人类是从旧大陆某种古猿演化来的。他根据动物分布的规律，就是说世界上每一大区域里现存的哺乳动物是跟同一区域里已经灭绝的种属有密切关系的，从这里得出结论，认为古代非洲必定栖息着和大猿、黑猿极其相近的已经灭绝的猿类。

而大猿特别是黑猿，它们与人类的亲缘关系较之其他动物是最近的，所以人类的祖先最

在非洲奥杜威山谷发现的南方猿鲍氏种的颅骨。

坦桑尼亚的奥杜威峡谷，世界闻名的人类考古遗址。

发现于中国的蓝田人头骨，它表明直立人还散居在非洲以外的地方。

早居住在非洲的可能性比其他各洲都要更大一些了。那么，达尔文的观点是否正确呢？

从20世纪20年代开始，在非洲首先发现了南猿化石，接着许多猿类化石和古人类遗骸也陆续在这里被考古学家发现。50年代特别是60年代以来，找到了大量的古猿、南猿和直立人的化石，这些化石经放射性同位素方法测定其生存年代，发现有些南猿生存在距今400万年以前。这些化石为非洲是人类的摇篮的说法提供了事实根据。

的确，非洲有可能是人类的发源地。根据推测，在10亿多年以前，地球上曾经存在一个巨大的超级大陆，它分裂成几个板块后开始漂移分离，最终变成了我们今天所知道的亚、欧、非、美洲等这几个大陆。这些大陆直到今天仍在漂移之中。非洲的东部边缘跟亚洲一起向东移动，而非洲的其余部分则缓缓地向西漂移，这被认为是造成巨大平行裂口的原因。这些裂口导致岩层中部向下滑落而形成一个很深的"谷地"，在谷地的两侧就形成了高高的峭壁。在肯尼亚的图尔卡纳湖岸和坦桑尼亚的奥杜瓦伊峡谷所发现的化石，证明在300多万年以前这里曾经有类人的动物居住过，有些科学家根据这些证据认为大裂谷是人类的发源地。也就是说，东非可能是人类的发源地。

但是也有人不同意人类起源于非洲的主张，他们的理由是：第一，达尔文忽视了动物迁徙的问题，大型猿类在非洲出现就能得出人类一定起源于非洲的结论吗？相反的，按照动物迁徙的规律来说，它们的祖先还是应该到远离现代分布区的地方去寻找的。其次，古猿变成人，很有可能需要外界的刺激力，这就是地区环境的变化的动力，如森林区变成疏林草原区。环境的变化使得古猿不得不改变生存方式。但是，现在的科学研究表明，非洲地区从中新世以来，环境变化不大，虽然地形多变，但都不是对古猿变人的强烈的"外界刺激"。另外，从地理位置上来看，非洲其实只是亚洲大陆突出去的一个半岛。在动物地理分布或区系划分上，非洲和亚洲大陆同居"古北区"。那么我们就可以推测，在非洲发现的大量的化石猿类和亚洲大陆发现的材料关系很密切，很可能北非

23

的那些古老的化石代表是从亚洲来的。这些古猿有可能是从亚洲迁移到非洲的。那么，有没有可能人类是由亚洲起源的呢？

人类起源亚洲说早在 1857 年就有人提出了。最早提出亚洲起源说的美国古生物学家赖第就主张人类起源于中亚。1911 年，另一古生物学家马修在一次题目叫《气候和演化》的演讲中列举了种种理由，强调高原是人类的摇篮，影响很大。1927 年在我国发现"北京人"之后，中亚起源说更加风靡一时，30 年代还组织了中亚考察团到蒙古戈壁里去寻找人类祖先的遗骸。主张中亚说的人阐述他们的理由，最重要的是那些用来反对非洲说的几个方面。第一，非洲缺乏"外界刺激"，中亚却有，就是喜玛拉雅山的崛起，使中亚地区高原地带的生活比低地困难，对于动物演化来说，受刺激产生的反应最有益处，这些外界的刺激可以促进人类的形成；第二，按哺乳动物迁徙规律说，常常是最落后的类型被排斥到散布中心之外，而最强盛的类型则留在发源地附近继续发展，因此在离老家比较远的地区反而能发现最原始的人类。恰好当时发现的惟一的早期人类化石是爪哇直立人，和这一假说正好吻合。

古生物学家路易斯于 1960 年在非洲奥杜威山谷发现了第一块能人化石。

关于人类是否起源于非洲，考古界一直存在着分歧。因为根据板块构造学说和其他有关证据表明：在一百多万年前，地球上各个大陆之间都是有陆地相连的，古人类完全可以在各个大陆（南极洲除外）之间相互迁徙。在中国、南欧、美洲、非洲都发现了古人类的遗迹，因此，人类究竟起源于何时何地，目前尚无最后定论。

除了中亚之外，还有人主张人类起源于南亚。这种假说最早是海克尔提出的，海克尔用绘图表示现在的各个人种由南亚中心向外迁移的途径以此来证明人类起

考古

源于南亚。他认为，非洲的黑猿和大猿，和人类亲缘关系相近，除此之外，还有南亚的褐猿和长臂猿，它们的化石遗骸在南亚发现得很多。并且，最近有人用分子生物学的研究方法证明褐猿和人类的关系甚至比非洲的猿类与人类的关系更密切，这又为南亚起源说提供了有利的论据；其次，在南亚和东南亚地区还找到了南猿型甚至可能是"能人"型的代表和它们使用的石器，初步的分析，这些化石在年代上可能和东非的材料不相上下。并且这一带也找到了更新世早期的直立人的遗骸和文化遗物，因此，有些古人类学家根据世界上腊玛猿、南猿和更新世早期人类的发现地点分布情况，来证明人类的发祥地很可能就在南亚。

当然了，人类的起源究竟是非洲还是亚洲，是中亚还是南亚，我们现在还无法确定。看来，我们只能期盼着更多的考古资料的出土来证明我们的假想了。

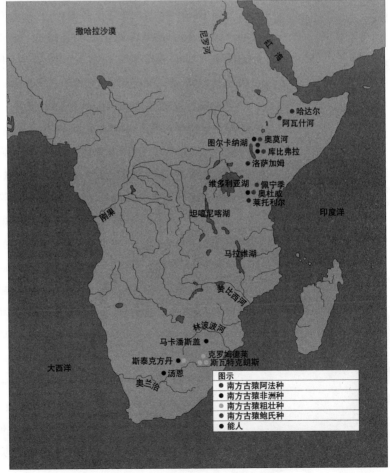

散落在非洲的人科考古遗址。

图示
- 南方古猿阿法种
- 南方古猿非洲种
- 南方古猿粗壮种
- 南方古猿鲍氏种
- 能人

# 尼安德特人真的绝迹了吗？

这个头骨反映了直立猿人向尼安德特人进化的中间阶段的特征。

人类经过漫长的历史演进变化后，在距今30万年前，人类的体质发展到了一个新的水平，生产力也大大提高了，这时人类进入了早期智人的阶段。早期智人的代表是1865年发现于德国的尼安德特人。在欧、亚、非的广大地区都发现了尼安德特人的化石。

学者们普遍认为，在人类的进化过程中，直立猿人演变而成的智人大概在50万年前出现。而多数的人类学家将尼安德特人列为智人的一个亚种，并以"尼安德特智人"的名称正式称它。1856年，在德国莱茵省的一处名叫尼安德特谷的考古地点，出土了一个头骨化石和其他的一些骨骼，因此把这些骨骼的主人定名为了尼安德特人。以后，在欧洲、北美洲以及中东的其他地点，又陆续挖掘到了更多的尼安德特人的骸骨。

尼安德特人最重要的特征就是他的颅骨。虽然每一个颅骨的具体形状是有所差别，但他们已经具有了共同的特征。尼安德特人的颅骨呈现拱形，眼睛上方额骨隆起，下颌宽阔，牙齿巨大，他们的脑部容量已经与现代人大致相当了。从现存的骸骨来看，尼安德特人粗壮结实，体格和高度与现代的有几分的相似。

考古工作者发现的尼安德特人的骨骸。

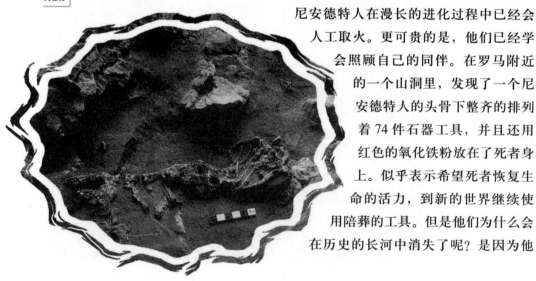

尼安德特人在漫长的进化过程中已经会人工取火。更可贵的是，他们已经学会照顾自己的同伴。在罗马附近的一个山洞里，发现了一个尼安德特人的头骨下整齐的排列着74件石器工具，并且还用红色的氧化铁粉放在了死者身上。似乎表示希望死者恢复生命的活力，到新的世界继续使用陪葬的工具。但是他们为什么会在历史的长河中消失了呢？是因为他们不能适应在 4 万年前冰期的最后阶段所造成的环境变化？或者他们被技能更加优越的种族取代了？有的学者认为，尼安德特人的头骨越来越大，婴儿的出生越来越困难，从而导致了尼安德特人种族的逐渐衰弱而导致了他们的最终消亡。但是，尼安德特人真的灭绝了吗？如今的一些偏远的地区，可不可能仍然有他们的后裔孤独的散居在被人类文明遗忘的原始荒芜之中呢？

1950 年，苏联科学院一个部门，曾报道在西伯利亚东北部酷寒荒僻的地区，发现了一群被称为了"丘丘拉"的野人。据说这些野人说话的口腔声域极其狭窄，这有可能是遗传突变的后果，也可以作为他们是尼安德特人的后裔的迹象。

发现野人的地点，是从高加索山脉

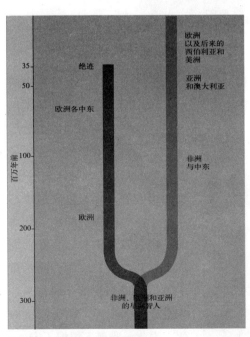

尼安德特人与晚期智人起源示意图。

因为在本质上与现代人特别相似，所以，许多学者还坚持认为尼安德特人是早期智人，是现代人的真正祖先，因为考古学家先后在北非、中东、中亚以及中国都找到了尼安德特人的遗迹，这些证据表明：尼安德特人可能没有消失，他们已经进化成了一个个高度成功的人种。

至戈壁沙漠的中亚广阔地带。这里的野人被称为了"阿尔玛斯"，"阿尔玛斯"的意思就是猿人，是猿与人的混种。从 15 世纪开始，当地人和探险家，就不断发现这些神秘难以亲近的动物。20 世纪，一名驻防在帕米尔的俄国军官，宣称他的部下确实捕捉到了这样的一个动物，并且把它杀了。这名军官在陈述的时候，屡屡的使用"前额倾斜"，"眉毛非常的粗浓"，"鼻子极其扁平"，"下颌阔大突出"，"中等高度"等这样的字句。而这些特征，与我们所知道的尼安德特人的特征是极其吻合的。如果是这样的话，那么这个被杀死的可能就是世界上最后的尼安德特人了。

人们现在对于尼安德特人的认识是有限的，对于尼安德特人的来龙去脉，我们目前尚不清楚的，他们是真的消失了吗？我们现在有许多的疑问，伴随着分子遗传学和考古学的新发现，一定会有令人满意的答案的。我们相信，我们会对尼安德特人有一个更加清晰的了解的。

扫码获取更多资源

# 第1章 埋在地下的荣华——古城镇王国

## 克诺罗斯王宫的战火

克诺罗斯宫殿遗址图。这个在遗址中发现的一口已废弃的古井。

在希腊神话和传说里，记载着这样一个故事：米诺斯国王是诺色斯、克里特和整个爱琴海的国王。有一次他派他的儿子安德罗吉到大陆去参加运动会。不料，安德罗吉遭到了雅典国王的妒忌并被谋害致死。米诺斯震怒之下，发动战争，众神也纷纷降灾荒和瘟疫到雅典，雅典被迫求和，答应定期送童男童女到克里特。而米诺斯国王把他们关禁在迷宫里，或是让恶兽吃掉，或是饥饿而死。为此，雅典人惶惶不安。

这自然是久远的希腊传说了，尽管流传得相当广泛，一直以来都没能引起人们足够的重视。19世纪70年代，德国著名考古学家谢里曼根据荷马史诗提供的线索找到了传说中的特洛伊城，从那时起，考古学家们开始试图从希腊神话传说里面寻找一座王宫——克诺罗斯王宫。英国的考古学家阿瑟·伊文思带

双头斧是半诺人最神圣的一种宗教象征物，祭祀时用它来宰杀公牛。

考古队来到克里特岛，经过3年的发掘，终于在克里特岛的伊拉克利翁市发现了米诺斯文明中最大最重要的王宫遗址——克诺罗斯王宫。

于是，希腊神话中的记述不再是无稽之谈，人们密切关注这一发现。伊文斯所发现并复原的王宫，位于克里特岛的伊拉克利翁市东南大约8千米远的地方，具体来讲，这里是新王宫。在历史上，克诺罗斯王宫最初始建于大约公元前1900年左右，此后成为米诺斯王国的政治经济文化的中心，并且逐渐染上某种宗教神圣的色彩。在进入文明时代后，它又和王朝法院的崇拜紧密结合起来，宗教圣地的气息变得越来越浓厚，带有神圣庄严的色彩。相应地，米诺斯王权也具有了浓厚的宗教色彩，国王兼任祭司司长的职位，王宫就是最高的祭坛。

伊文斯所发现的新王宫，大约建立在公元前1700年到前1500年，是在旧王宫的基础上不断扩建的，它的建筑设计也更加完善。王宫建成后面积为2.2万平方米，即使是最保守的估计，王公里的厅堂房间总数也至少在1500间以上，更别提梯道交错，廊檐低徊了，外人很难搞清楚它究竟是怎样建起的。或许这也是王宫叫做迷宫的缘故吧。

王宫建筑总体上呈长方形，四周没有围墙和望楼。中心是长方形的中央庭院，长60米，宽30米，可以说是所有米诺斯王宫中最大的庭院了。由于王宫是依仗山势而建，地势东高西低，所以从东侧望去楼房高耸，门窗长廊错落有致，仿佛建筑是巧夺天工的杰作。

在克里特岛上发现的坛子。这些坛子是古代克里特人用来盛粮食、橄榄油及酒的。

王宫的中央庭院两边都有楼房，西边的楼房是主要作为国王自己办公、祭祀、贮藏之用的。一层是一系列的神龛、楼梯、神坛还有祭仪大厅，二层则作为办公集会厅、档案馆等。墙外还有10间库房，里面有许多的大型的陶瓷、陶罐。祭仪大厅正中放着把专供国王享用的椅子。所以，大厅还叫"御座宝殿"。东边的楼房却可以称为"生活区"，这里包括国王及其后妃的寝宫、接待厅、学校等等。楼层有四五层之多，布局也更加复杂了，主要的有"双斧大厅"。大厅墙上挂着高大的盾牌，也就是在荷马史诗中曾有提及的那个盾牌。当然，所有布置十分豪华，在墙上绘有海豚戏水等自然景色的壁画。另外，王宫的壁画，是很值得一提的，它对于研究米诺斯文化与社会生活提供了丰富的资料。

考古学家的研究为克里斯岛的历史填补了光辉的一页。大约在公元前

炸雷殿的轰鸣声震聋和吓坏了克罗诺斯人，他们不知道这是发生了什么，接踵而来的泥石流和火山灰，有些火山灰似冒着火焰和浓烟，顷刻时就毁灭了一个又一个的村庄，由火山和地震引起的数十米高的海浪冲上陆地将一切席卷而去。
——考古学家斯皮里顿·马里纳托斯对克罗诺斯灾难的描述

克诺罗斯宫殿俯瞰，它是惟一幸存下来的米诺人的文明遗址。

1500年，克里特王国的文

盛极一时，而后来在最辉煌的时候，正是米诺斯王朝。米诺斯国王精明强悍，治国有方，使得国家发展到极盛时期。当时的爱琴海诸岛纷纷向他称臣，雅典也被迫纳贡。无疑，这里曾经有着高度灿烂的文明。

然而，颇为令人感到奇怪的是，大约到了公元1500年前后，克里特岛上的所有城市，全部在几乎同一时间被毁坏了，克诺罗斯王宫也没有能够幸免，不久，强盛的王国也在地球上销声匿迹了。这是什么原因促成的呢？

1967年，美国的考古学家揭开了历史的谜团。

原来，在距离克里特岛以北约70千米的地方，有一个叫桑托林火山岛。虽说这火山的海拔仅仅为566米，20世纪以来的3次喷发规模也较小。但是，在岛上60多米厚的火山下

竟然挖出了一座古代的著名商业城市，这使得人们的看法改变了。根据有关研究，这里曾经发生过人类历史上最严重的一次火山喷发。时间就是在公元前1500年前后，桑托林火山喷出的火山灰渣达到了62.5平方英里，岛上的城市霎时间被湮没到厚厚的火山灰下。火山喷发之猛烈，据记载，当时的埃及上空出现了连续3天漆黑一片的景象。而且，

火山喷发引起的海啸，浪头高达50米，滔滔的巨浪很快就冲到克里特岛，淹没了岛上的一切所有。

就是这样绝无仅有的一次火山大喷发，葬送掉了一个古老的文明社会，克里特王国就这样永远消失在人类的文明史上，渐渐被人们所遗忘了，仅仅留下了神秘莫测的零星传说。

# 阿迪密斯神庙建造之谜

充满神话色彩和宗教气氛的阿迪密斯神庙坐落在希腊的埃菲索斯喀斯特河口的平原上。被希腊人们称为是"希腊的神奇"和"上帝的居所"。

阿迪密斯是古希腊的一位女神。直到公元4世纪末期，当地的埃菲索斯人仍然是她忠实的崇拜者。在圣窗上有她的塑像。塑像的技法是粗糙的，僵硬而呆板，在塑像的身上刻满了各种图画。有公牛、狮子、鹿，还有带翅膀的怪兽，其中有狮身人面的形状和半人半鸟的图像。学者认为这座神庙是古希腊精妙的艺术和东方精神的完美结合，是世界的共同拥有的一个来自神的馈赠。

目前，人们并没有清晰的神庙的架构，只是通过发掘出来的残存物进行推测。从神庙出土的钱币上可以看到庙的支柱是经过雕琢的圆形基座，这在其他的庙宇建筑里是常见的，并不能说明它的特色。在钱币上，还可以看到平台的外延，距离很长，人们想象神庙一定是一个极大的，向外扩展的造型，以象征神的无限包容能力。尽管柱子的确切数目和它们各自的位置还存在疑问，但这种做法在萨莫斯神庙里已经存在。一些保存较好的钱币向我们呈示了神庙的屋顶结构和山墙的设计。它的中央并没有顶，而是10根圆柱，在和中央相连的部分是由屋宇的结构的，

阿迪密斯神庙遗址。其中作为神庙支柱的10根大圆形的石柱依然保存完好，似乎是神庙存在的见证，它的默默无闻也见证着曾经辉煌的过去。

阿迪密斯神庙主殿建筑遗址。这个神庙曾经是一个露天的建筑，主殿里石像、石柱都是原来的东西。

由于考古家又发现了内殿区内有排水沟的迹象，证明了这座神庙是露天的，但有的专家从粘土制的屋顶砖和喷水头的方面出发，坚决说神庙的屋顶是存在的。

神庙建筑的神秘来自于物质的难以存留和现代人们丰富的想像力，但真正神秘的是来自阿迪密斯的魅力。在发掘现场，最壮观的是成堆的塑像，是由金子、象牙或粘土制成的小型塑像。我们无法想像在古罗马和古希腊中女神的神秘力量有多大，神庙的非凡构造应属于那些具有重大作用的人，这是不是表明在古希腊女性依然象原始社会那样具有绝对的位置？

现在，人们依然崇拜着这位来自远古的女神。来自各地的香客和旅游者为重建庙宇做出了不可磨灭的贡献，工匠出售他们的塑像和一些精巧的制作品，变换各种能够增加魅力的形状。阿迪密斯以她的精神使神庙得以圣化，神庙也使女神的精神发挥到了相当的水平。

在古希腊，庙宇有双重功能，它一方面是宗教圣地，另一方面是战争和瘟疫的避难所。对于所有的逃难者来说，圣庙的遮风避雨时女神的最好的照顾，在6世纪，一个妙龄的少女遭受残忍的暴君毕达哥拉斯的追捕，逃往神庙，在绝望中悬梁自尽。后来，波斯王耶克萨斯被希腊人打败，无路可走，为了保存自己的后代，将他的孩子送往阿迪密斯神庙。这座庙宇曾经承受了希腊和罗马人民的风风雨雨，它是历史的见证，是多难的人们的庇护所，在今天，它的建筑已经被毁灭了，甚至都无法去恢复和想象出它的历史风貌，但它依然吸引了众多的朝拜者。阿迪密斯的多乳塑像和相似的塑像在今天还存在。考古学家和地质家一直没有停止对神庙的发掘和测量，从各种发现的古文物中探索神庙的遗留，重新绘出神庙的原样，使考古学家最大的愿望，因为阿迪密斯神庙是古希腊人灵魂的表达方式。尽管神庙和她的主人有着巨大的魔力，但神庙的建筑结构和女神的身份和力量，并不清晰，这个建筑来自远古，也带来了难以解开的古老的谜。

希腊的神庙是古希腊建筑中最具特色的代表，几乎每一座神庙都是多种建筑风格相融合的圆柱式建筑，主要材料都是取自当地的灰色石灰岩，这些神庙的外部一般都补实无华，内部的装饰却十分精美，门廊一般都采用爱奥尼亚式圆柱，前殿和后殿都采用巴洛克式圆柱。主殿中则有一根科林斯式圆柱。这些看似相同的圆柱柱柱实际上都体现了古希腊每一个地方独具特色的建筑风格。

# 玛雅都市是怎样消失的？

大约从公元 1700 年开始，美洲的学者就已经发表了一批介绍中美洲玛雅文化的考察报告，可惜只是浮光掠影，表述不很详尽。1885 年，年轻的美国探险家桑普逊有印第安人作为向导，在古代玛雅帝国所在的墨西哥尤卡坦半岛丛林中艰辛跋涉，终于发现了奇琴伊察城。后来在他担任尤卡坦领事的 24 年里，几乎都泡在那里挖宝。1930 年前后，曾经动用飞机对这遗址进行了多次空中拍摄，1947 年开始在这里进行有组织的大规模地发掘，终于使奇琴伊察城得以重见天日。

奇琴伊察遗址位于今天墨西哥尤卡坦州的中南部，是古代中美洲玛雅文化的三大城市

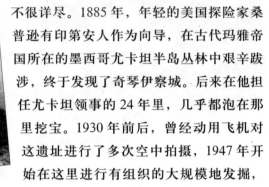

艺术家笔下描绘的部分奇琴伊察市的城堡建筑。这些建筑一般呈金字塔形。

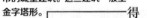
得

世界考古

之一。这里属于干旱区域，水源主要是来自石炭岩溶洞的天然井，所以水源倍受这里的重视。"奇琴"在玛雅语中的意思就是"井口"，"伊察"意思是"伊察人"，"奇琴伊察"的意思就是"伊察人的井口"。

有的学者认为，早在公元1500年到公元300年，玛雅民族就已经占领了这个地区，并且在公元6世纪占据了奇琴伊察城。早期的建筑中有神秘文字大厅、鹿厅、神堂等，公元10世纪被异族占领后，又修建了大金字塔、大祭祀冢、武士神庙等。1450年前后，城市被废弃，玛雅文化随之消失。今天我们所见到的遗址就是后期的建筑。

奇琴伊察的一个天文观测台，它位于奇琴伊察遗址的中心（上图）。古老的交易市场（下图）

总体来讲，整个遗址大约占地6平方千米，南北长为3千米，东西宽为2千米，各种建筑物总共有数百座之多。其中，卡斯蒂略金字塔、战士金字塔、球场等处保存得还算完整。至于"圣井"中的宝物早就已经被盗捞殆尽了。

卡斯蒂略金字塔，应该说是一座巧妙的天文台。它高24米，有9层，四面对称，底边各个边长为75米。四面各有364级台阶可以通到塔顶，加上台基共365级，恰好与年日相吻合。塔顶是平顶庙宇，三面开门，南面开着窗户。正门的大门两侧，分别立着一座羽毛蛇像石柱，每年的春分和秋分世界可见到"光

影蛇形"之奇景。古代的玛雅人就是在大门前面的广场上载歌载舞，宣告春耕、秋收的开始。

在距遗址大约1.5千米的地方，有两口直径约为60米的水井。京的旁边有一座大理石柱建成的金字塔，塔基边长是60米，宽30米，顶部的平坛有神庙。在塔庙到另一处神泉之间，有宽4.5米、长60米的石径连接着。另一处神泉就是玛雅的"神泉"，是"雨神"居住的地方，奇琴伊察的名字就是来自于这个神泉。

当年桑普逊在察看这口圣泉时，发

35

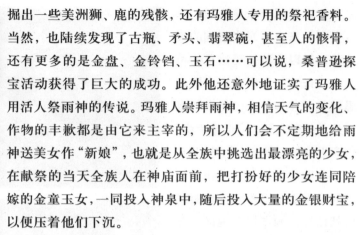

掘出一些美洲狮、鹿的残骸，还有玛雅人专用的祭祀香料。当然，也陆续发现了古瓶、矛头、翡翠碗，甚至人的骸骨，还有更多的是金盘、金铃铛、玉石……可以说，桑普逊探宝活动获得了巨大的成功。此外他还意外地证实了玛雅人用活人祭雨神的传说。玛雅人崇拜雨神，相信天气的变化、作物的丰歉都是由它来主宰的，所以人们会不定期地给雨神送美女作"新娘"，也就是从全族中挑选出最漂亮的少女，在献祭的当天全族人在神庙面前，把打扮好的少女连同陪嫁的金童玉女，一同投入神泉中，随后投入大量的金银财宝，以便压着他们下沉。

值得注意的是，在奇琴伊察城还有几个球场呢。最大的一个位于城北，总体面积达到了22576平方米。场地的两头有石墙，墙上面镶有石环，以供投篮之用。据民间传说，1200年前，玛雅人就已经普遍流行着一种类似现代的篮球赛了。球像排球那样大小，是实心橡胶的，很重，要将球投入墙上的石环中得有很好的体能和技巧。比赛中禁止用手、脚接触球，所以球的命中率极低。而胜利者也受到很高的荣誉，甚至可

从奇琴伊察古城遗址出土的雕有人物形象的石柱，它形象地反映了当时玛雅人的特征。

以随意向观众索取财物作为奖赏；失败者却往往丧失一切，也可能会被砍头示众，球场墙壁上就刻有一个球员被斩首，而收集插在看台杆顶的浮雕。这种生死比赛，是何等的激烈和悲惨呀！

众所周知，玛雅文明达到登峰造极的地步，是在6世纪到9世纪的时候，紧接着在10世纪后急转直下，乃至湮没消亡。那么，这是什么原因造成了他们的灭亡呢？难道是气候的巨变、地震风灾瘟疫等自然灾害的流行，令人们无法维持生存，以至于田陌荒芜、人烟稀少？或是由于遭到了内乱、外族的入侵，迫使他们背井离乡而逃往别处？但是他们后来又去了哪里呢？在人类的文明史上，却再也没有出现过关于他们的记录！难道说一个莫大的民族就这样不明

不白地毁于旦夕之间了？

透过以上的种种迹象，有关的学者认为，玛雅文明实际上是毁于自己手中，是他们自作自受。是他们刀耕火种的生活方式，造成了毁林、水土流失、地力的衰竭。同时人口的急剧增长，特别是公元前800年开始，人口每隔400年就翻一番，在公元900年已经到500万人，远远超出了土地的承载力，所以社会崩溃也是必然的趋势。再者，如前文所述，玛雅人的文明有高度发达的一面，也有风俗落后的一面。他们狂热的崇拜鬼神，用活人祭祀，甚至还从自身的耳朵、舌头、生殖器上钻眼取血，以便献给神灵，结果导致人们体弱多病，一代不如一带，最终使得整个民族灭亡！

# 神奇的羽蛇城因何得名

在法国布列塔尼半岛上，有一群庞大的石柱群，平列蜿蜒，远远望去犹如长蛇在空中飞舞。其平列总长度达近10千米，巨石总数已达4000块，最重的达到350吨，可以说是世界上迄今为止已发现的最壮观的石柱群了。

卡纳克镇上部分伸入大西洋的石柱。布列塔尼半岛上的许多石柱都具有像这些伸入海中的石柱一样的特征。

众所周知，布列塔尼半岛突出在大西洋的海画上。而卡纳克石柱群就是在半岛上的卡纳克镇附近。在那里，现在竖立于地的花岗岩巨石有3000多块，另外还有近1000块残破或者失落了。每块立石一般的高度是1～5米，而且石柱以天然大理石作为垫底。具体将来，它一共包括有三个石阵。

第一石阵距离卡纳克镇500米左右，石柱成12行纵队排列，呈东西方向，蜿蜒在高低起伏的土地上，一直延伸到松林极目的远处，总长度已经达到4000米之多，巍然壮观。石柱行列微微弯曲，石与石间距长短不一，石面打磨得相当平滑。在石阵的起点处有甬道，甬道的两壁和顶部是由花岗岩石板砌成的，里面很黑很低，必须手持电筒、屈身前进。过了甬道，就进入一个小石室里，石室的四壁雕有图案，相当美观。

大约隔有一个小丘的距离，就是第二石阵。排列成7行，在总体长度上超过第一石阵。在石阵的中间有一座古老的磨坊，游人可以登上磨坊顶部，望两旁绵延不绝的石柱阵容。过了一片稀疏的树林，就会看到第三个石阵。排列成13行，可惜长度仅仅有355米。不过那里的石柱在排列上，远比前面两阵的更为密集。

Unsolved Mysteries of World Archaeology

考古学家试图将石柱与当时的拜蛇教联系到一起。历史上，当地高卢人是十分崇拜蛇神的，因而那些弯弯曲曲的石阵，有可能是摹仿蟒蛇蜿蜒爬行的姿势来建造的。又因为那些石柱匍匐于高低起伏的大地上，远远望去，颇有振翅飞动的气势，因此，也就称其为"羽蛇城"。

这么惊人的石阵阵容，18世纪以前的实际上竟然没有一个字来记载！当今的各种次数和地理图书也是极少提及的，那么这么神奇的"羽蛇城"，是什么年代建造的，又是如何建造起来的呢？

1764年，有位考古学家偶然路过这里，见到了石柱群，并作了报道，他认为，是罗马时代的遗物，这才引起了世人的注意。而它的论说也仅仅是依据民间传说而已。公元3世纪，罗马军队不断进犯布列塔尼半岛，卡纳克的守护神康奈里大展神威，亲临山巅，玉手一指，将追赶的罗马士兵封死在原地，一个一个地化成了石柱，那罗马的统帅就化成了最大的一块。这位考古学家虽不信这样的神话，但他坚信这是罗马时代的遗物。

当然还有更多的猜测，又认为是庙宇是祭坛的，又认为是外星人访问地球石的"登陆台"的，如此等等，真是莫衷一是。

20世纪60年代，考古学家使用放射性碳测试技术，确定石柱存在于公元前4650年到前4300年，距今约6000多年，比英国的斯通亨石环要早得多，可谓人类新石器时代

位于布列塔尼半岛上卡纳克镇的石建筑古堡。

法国布列塔尼半岛海岸的自然风光。

最早的文化遗址之一。

但是，石阵所在地没有石头，须从4千米以外的山岩上开采。古人最先进的搬运工具也就是绳索、滚轴、杠杆、滑车，还有土坡的斜力下滑。他们是如何搬动350吨重的大石柱的呢？是什么鼓动他们狂热地进行这么浩大的工程呢？英国考古学家哈丁翰只能说："卡纳克石柱群比金字塔更神秘，是考古学史上历史最久就而又未被人类攻破的秘密。"如果要揭开石柱的秘密，必须先弄清营造石阵的那批古人的来源。继而了解当年的生活情景，留存下来的墓葬，为此提供了可靠的见解物证。

1900年到1907年，法国的考古学家勒胡西率领着一支队伍，发掘卡纳克附近的圣米谢尔古墓。该墓的体积是7.5万立方米，出土大量公元前4000年前后的遗物。1979年到1984年，另一位考古学家勒霍斯带队发掘卡纳克下去的格夫尔林尼斯岛上的甬道墓，发现该墓是个可以经营的地下建筑，大理石块砌成的同心圆台如同露天运动场的看台一样，墓壁上还有精美的浮雕图像。他们还在距那里20千米外发现了另一古墓，墓内的石雕也有类似的图案。格夫尔林尼斯岛上的甬道墓，今天已经辟为地下博物馆供游人参观。新石器时代的石雕令人叹为观止。29块墓道墙壁石板中有27块刻有图案，6000年前的无名大师雕刻下许多的同心圆弧、枫树、斧头、蛇、牧羊者手杖等等精美图案，还有类似女神的人像。墓的内室顶端的一块巨石上面，刻着一头长角的牛头和其前半身以及一把斧头。

卡纳克人有高超的本领营造这样的"地下宫殿"，就已经充分说明：6000年以前的卡纳克人已经具有相当高的文化素养了，自然也有足够能力来架设简单的"地面柱林"，建筑出显示着高度文明的石柱群落来。也就是说神奇的"羽蛇城"这样的建筑，实际上正是卡纳克人高度文明的最佳体现，"羽蛇城"本身就是他们勤劳和智慧的完美展现。

# 克里特岛上的牛怪存在吗？

在气候宜人的地中海环绕下的巴尔干半岛南部，有一个美丽的国度——古希腊。古希腊被看作人类文明的发源地之一，备受世人景仰。在古希腊的神话里，克里特岛的迷宫"牛怪"神话是最叫人遐思迩想不已的。

在克里特岛上，有一座迷宫，据传说是在克里特的国王米诺斯时代建造的。令人不可思议的是，建造的最初目的是为了供养一头牛——就是后来人们习惯于称作"米诺牛"或者"牛怪"的家伙。在传说中，这头牛实在是可怕极了，如果谁不小心靠近这座宫殿，就会被"牛怪"吃掉。那么，这头"牛怪"是不是真实存在过呢？在这里，还是要从克里特岛的建筑也就是 "牛怪"的住所米诺斯迷宫说起。

提修斯和牛怪。提修斯经过奋斗拼搏，终于杀死了吃人的牛怪，这幅雕塑展示了正在牛身上休息的提修斯的形象。

关于米诺斯迷宫，有一段神奇的故事，说它是这样建立起来的：

相传，腓尼基国王有个美丽的女儿，名字叫欧罗巴。有一天，她在海边散步的时候，被天神宙斯看到了。这位最有权威的神仙，被欧罗巴的美貌迷住了，于是变成一头牛，躺在她的身边，请她坐上自己的背。当欧罗巴一上它的背，他就跳着飞奔到海上，欧罗巴惊慌地问她："古怪的牛，你是谁，你想把我带到什么地方去？"宙斯说出自己真名，并说要去克里特岛。原来，宙斯抢走她，是为了与他结婚。于是，欧罗巴成为宙斯的妻子，而他们的儿子就是米诺斯，后来的克里特国王。

米诺斯是位强悍有为的国王，它建立城邦，制定法典，却也渐渐地被权力和成就冲昏了头脑，居然忘乎所

牛头人身的吃人怪物，它的出身给雅典人带来了极大的恐慌。

以地自命为神仙起来。宙斯十分恼火，不得不惩罚他一下：预言说在他的儿女中，将会有一个牛头人身的怪物。后来宙斯的

绘有宙斯化作神牛诱骗欧罗巴的壁画。宙斯化成神牛，将欧罗巴诱骗到了克里特岛，并与之结婚，他们的儿子米诺斯后来成为克里特的国王。

话果然变成了现实。克里特人就把这怪物叫"米诺牛"或者直接称作"牛怪"。

在传说中，"牛怪"是吃人肉的。人们开始还有些怀疑如何安置它。恰好，有位叫代达罗斯的建筑师，出于对学生的技艺超过了自己的忌妒，害死了学生，就从雅典逃到了克里特岛，来投奔米诺斯国王。国王就请他为可怕的"牛怪"设计建造了一座迷宫。这座迷宫的中央那间房子就是"米诺牛"的住所。并且，如果谁进入这个迷宫就会被"米诺牛"所吃掉，所以这座迷宫一直都笼罩着恐怖阴森的气息，令人神秘莫测。

后来，米诺斯的儿子安德洛勾斯在雅典遇害，米诺斯怀疑它是被雅典人杀害的，于是派兵包围了雅典城。雅典人被迫投降，并且答应：每9年送7对童男童女，供克里特的"牛怪"食用。当雅典第三次献贡品时，王子提修斯主动充当牺牲品，并发誓杀死那害人的怪物。

到了克里特岛后，米诺斯的女儿美丽的阿里阿娜对提修斯一见钟情。她渴望救出提修斯。于是她听从艺术家德达鲁斯的建议，给提修斯一团线和一把剑。提修斯在迷宫的入口系上线，沿着通路前进的过程中逐渐松开线团，一直到"米诺牛"居住的那座大房子。经过激烈的搏斗，"米诺牛"被杀死。最后他和得救的人们一起，沿着线团的标记，走出了迷宫。当然，后来他同多情的公主一起返回了雅典。

如此这般的神话、传说还有很多，已经吸引了历代以来许多人们的注意。在古希腊，历史学家希罗多德、休昔底德等人的著作里，就曾经提到过米诺斯的名字，但真正解开这个谜团的还是英国学者阿尔图·伊文思。

阿尔图·伊文思生活在维多利亚时代，受过良好的教育，系统的学习过历史、语言学和人种学。1893 年，他居住在雅典的时候，在

克里特岛米诺斯王国王宫遗址局部图。

雅典的大街小巷寻找鼓舞的过程中，发现一些奇怪的石头，石头都是沿轴穿孔、三边形或四边形的，还像是刻着什么文字符号。买主说是从"克里特"得来的。第二年，他深入克里特进行实地考察，从废墟中搜集了大量的象形文字碎片。回国后写《克里特图画文字与前腓尼基字母》一书，认为希腊本土文明可能来源于克里特岛。

克里特岛米诺斯王宫遗址全景图。

这引起了社会各界的重视，纷纷提供资助，这就促成了伊文思在那里进行深入持久的考古工作。在长达25年里，他基本清理米诺斯王宫的遗址约有2.33万平方米，基本把古王室基墙重现在世人面前。

45

这座王宫位于凯夫拉山的缓坡上，依山势而建。中央是长方形庭院，周围分布着多达1500件宫室。总体来讲，位于高坡地的西宫大多是二层小楼，低坡地的东宫则多是四层楼；北面是露天的大剧场，剧场西面有个狭窄仓库，在东南角有可以到山下的阶梯。各个宫室之间，有门厅、长廊、阶梯、复道，彼此交错相连接着，往往是千门百廊、巷曲堂暗，分分合合，前堵后通，变化万千，神机莫测，叫人有扑朔迷离之感。可以毫不夸张地讲，这确实是一座名副其实的迷宫。即便是王室的人员，恐怕也不可能极其娴熟地进进出出，也就难怪会出现只有进去的路、却难有出来的人之现象了。

# 谁修建了非洲石头城？

在津巴布韦共和国境内，有石头城遗址 200 多处，最大的一处在首都哈拉雷以南 320 千米的地方，占地面积达到 7.25 平方千米，人们通常称其为"大津巴布韦遗址"。

津巴布韦是"石头城"的意思。大津巴布韦遗址在丘陵地带上，三面环山、背面是风景优美的凯尔湖。所有建筑都使用长 30 厘米、厚 10 厘米的花岗岩石板垒成，虽不用胶泥、石灰之类的黏结物，却十分严整牢固，浑然一体。石头城由三部分组成：呈现椭圆形的大围场，呈现山顶堡垒状的卫城，及平民区。大围场依山而建，城墙长达 420 米，高 10 米，城内面积 4600 平方米。城墙的东、西、北各开一个小城门，东南墙外又加筑一个与城墙平行的石墙，形成长 100 米宽 1 米的通道。在通道的终端有一座圆锥形实心塔，塔旁长有两颗参天的古树，据说是王室祭祀使用的"圣塔"。城中心有个半圆形内城，周长为 90 米左右，可能是王室最高统治者的居住场所。内外城之间有一组组的建筑群，有小围墙相连，门、柱、墙、窗都装饰有精美的浮雕图案，可能是后妃、王室人员起居的地方。城门和石柱顶端大多雕刻着一只似鸽又像燕的鸟，当地人称为"津巴布韦鸟"，现在已经被立为"国鸟"。

出城门沿着石阶可走向高度达 100 米的卫城。这是整个遗址的制高点。原来城堡高 7.5 米，底厚 6 米，正面有大门通向大围场，背面是绝壁。堡内有小围墙，将建筑物分割成许多块，其间通道多得像走迷宫，建筑与雕饰之精美，并不在王城之下。

大围场和卫城周围还没有发现大型的建筑物遗址，但是墙基纵横交错，并且留有作坊、商店、货栈、炼铁炉、住宅、水井、税区、梯田等的遗迹，还发掘出中国明代的瓷器、阿拉伯的金器、印度的念珠等珍宝，这里显然是庞大复杂的平民生活区了。早在 16 世纪初，葡萄牙人侵占莫桑比克时，就已经风闻西边由座石头城，但是始终不能证实。1868 年，探险家亚当·论德斯迁入津巴布韦狩猎，因为追杀一只狮子，偶然见到了一座巨大的城堡。他持枪大胆闯进城内，发现原来是一个空荡荡的废墟。

1872 年，德国地质学家卡尔毛赫闻讯潜入现场，被当地人捉住无功而回。1877 年，他再度潜入，绘制地图，搜刮大量文物，回国后向全世界宣布他的"伟大发现"，说什么石头城就是圣经《旧约》所示的所罗门国王开采金矿的所在地。

20 世纪，统治津巴布韦的英国殖民当局采取了保护性的措施，同时组织多批考察队进行系统研究，终于使神秘的石头城日渐明朗化。

在公元前 2000 年到公元初，位于地中海东岸的腓尼基人穿过撒哈拉大沙漠，定居在津巴布韦，创建了一系列的石头城。15世纪，欧洲人开始进入非洲南部，劫掠财富，掠夺黑人，致使石头城荒废。另外的说法排除了"腓尼基人创造说"，他们认为石头城是欧洲人创建的，或是由另外的"优秀"民族来指导非洲人民建的。这外来民族可能是"天外来客"，即来自于地球以外的外星人。

现代以来，运用放射性碳法测定石头城及其出土物，以及其他一系列的考古论证，已经基本否定了某些西方学者的偏见。石头城最晚至公元5世纪时才有人类定居，公元10至11世纪时成为铁器时代一个部落的大聚合点，13世纪时发展为一个强大的国家中心。最有说服力的证据是"津巴布韦鸟"石雕，因为这鸟是津巴布韦一个部落世代崇拜的图腾，并且至今许多那里的居民仍信奉着。此外，王城与卫城分离，政权与宗教分离，是非洲中部黑人的典型习俗，并没有什么外来的影响包含在内。特别是津巴布韦全国7个省的调查显示，民间的确口头传说中，确有一个擅长片石砌墙的部族。在11世纪这

从12到15世纪是津巴布韦文明最为繁盛的时期，像大津巴布韦石头城这样的各种居民点曾经有成百上千处之多，现在我们发现的只有其中的一一小部分。由于当时盛产黄金，加之人口过快增长，津巴布韦人对环境的索取严重超支，致使自然资源枯竭，生存环境严重恶化，自然灾害从天而降，大津巴布韦就在欧洲殖民者来到之前悄无声息的消亡了。

个部族创建了马卡兰加王国，定都于大津巴布韦遗址，开始营建都城。后来这里又被莫诺莫塔帕王国取代了，该国继续扩大都城，15世纪进入极盛期。那么，石头城是"土产"的事实，到这里就已经是肯定的了。

大津巴布韦遗址远眺。这座遗址是非洲南部最具特色的民族建筑之一。它的发现证明了南部非洲确有较为先进的古代文明。

# 悬崖宫 是如何建成的

1888年的冬天，在美国科罗拉多州西南部高原上，两个牧民正在赶着牛群行走，突然被眼前的一片悬崖挡住了去路。他们定睛一看，原来那悬崖竟然是层层叠叠的房子，最前面还有一座巨大的"宫殿"呢。他们惊奇万分，这么"蛮荒的地方"怎么会出现这样多的房子呢？于是他们随口叫"悬崖宫"作为名字。

当然，发现"悬崖宫"的消息很快传遍全世界，一批批冒险家到这里探寻宝藏，许多珍贵文物遭到了破坏。1906年，美国国会被迫通过了保护悬崖遗址的法令，定名为"弗德台地国家公园"。1909年，最大的悬崖宫村落正式出土，1979年，这里被联合国教科文组织列为"人类文化遗产"，予以保护。

这里是到处遍布悬崖绝壁的台地，地面上长着草，树木稀疏，很适于放牧。"弗德"就是"绿色"的意思。16世纪末，西班牙占领墨西哥后，侵入科罗拉多高原，称这里的印第安人为"普韦布洛人"。普韦布洛

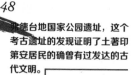

弗德台地国家公园遗址，这个考古遗址的发现证明了土著印第安居民的确曾有过发达的古代文明。

是西班牙语"村、镇"的意思。19世纪初，台地同科罗拉多州一同加入美国。

弗德台地发现1300年前的"普韦布洛人"村落遗址，迄今已经达到300多个，方圆达到210.7平方千米。几万人聚居在这个台地上，各村落之间相对的独立，又由于彼此近在咫尺，既能互助互济，又可以共同对付强敌。每个村落就是一个家族的集体聚居地，外有土砖墙加以维护，内有多层成套住房和公共建筑。多层房仿照印第安人的原始祖先悬崖穴居的样式，逐层向上缩进，是整幢房屋好像呈锯齿形的金字塔。下层房顶就成为上层的阳台。上下层之间有木梯，上层大部分房间与邻室有侧门相通，底层则是专供贮藏食物之用的，也就不开侧门。在中心庭院有供集体使用的活动空地、祭祀房，地下还有两个礼堂（地穴）。

在哥伦布发现新大陆之前，人们关于美洲社会，仅仅知道这样的情况：在中美出现过有玛雅文明、托尔特克文明、阿兹特克文明，在南美仅仅有印加文明，并且大多建立了农业王国。至于北美的印第安人基本上被看作是不懂耕作、不会造房的野蛮部落。弗德台地的发现，改变了这种传统的偏见。

1909年，美国的考古学家出土了台地上最大的村落遗址，俗称梅萨维德"悬崖宫"。这座村落依傍崖壁而建，占地

考古学家在"弗德台地国家公园"进入考古发掘。

近 1.4 万平方米，据估计当年施工周期达 50 年。村落的布局十分紧凑，有许多方形、圆形的各种高楼，其内共有 150 间民房、23 间地穴祭祀房间。著名的云杉大楼，也就是两个牧民见到的"崖宫"，因楼板是由云山板铺成而得名。该楼是三层楼，长达 203 米，宽为 84 米，地面有 114 间住房，地下还有 8 件祭祀房间，而其中最大的一间地穴祭祀房竟然足有 7 间住房那么大呢。云杉楼的北边有个"杯子房"，里面藏有 430 只彩陶杯子、盆子、饭碗之类，这里或许是祭器贮藏室。

村落的四周都是悬崖绝壁，天生自然，即使野兽都难以攀登。在壁面有凿出的一个个的小洞，仅容许手指和脚趾插入进去。村民便是靠着这些小洞来攀爬崖宫，进出村落。显然，这有对付外敌入侵的功用。村落周围还陆续发掘出蓄水灌田的水渠、水塘，编织篮筐的作坊，精美的陶器、玉器、

50

弗德台地是美洲印第安人的一支阿那萨齐人在此 13 世纪为自己修建的家园。1829 年，由一个西班牙探险队首次发现饿弗德台"悬棺"。1859 年，地质学约翰·纽伯利博士等人首次登上了弗德台"悬棺"；1874 年，摄影师威廉·亨利·杰克逊开始向响外界宣传弗德台"悬棺"；1882 年，弗吉尼亚·麦克朗等人发起了对弗德台"悬棺"的保护运动；1916 年，美国政府宣布这里为国家公园。

"弗德台地国家公园"古村落遗址。这些村落体现当时印第安人高超的建筑技巧和对地理环境巧妙的利用。

弗德台地遗址的居民，它地势险要，需要借助其它工具才能够进入。

骨器等。总之，村落处处闪烁着普韦布洛人的智慧和文明。

那么，普韦布洛人是以何为生？又是如何建造其悬崖宫的呢？

考古证明，早在公元初始时，西方称之为"编篮者"的北美印第安人就已经能编织篮筐，栽种玉米。这些人居住在洞穴或者土穴的圆形小屋里，过着频繁的迁徙生活。到了公元5～10世纪，

这些"编篮者"居民制作陶器、种棉织布，还建造房屋。到了大约7世纪，他们进入弗德台地，12世纪前后达到全盛期。在那里，这些"编篮者"居民聚族而居，建筑其规模宏大的"悬崖宫"聚落，使外族不敢轻易靠近和进犯。当时的"编篮者"居民尚处于母系社会，部落长是女性，妇女掌管着祭祀大权，把持家政，专司制陶工艺。男人则从事农耕狩猎、编织和保卫村寨等活动。此外当时集市贸易兴起，已经实行物物交换了。

尽管西方殖民国家称这些居民为"普韦布洛"，"编篮者"也被称为"普韦布洛人"，但实际上他们有自己的族名：阿纳萨齐族。

但是几代人辛勤建造而成的弗德台地大村落，后来为什么又被弃置了呢？这是到现在也没有搞清楚的谜团。目前，持自然灾害说的人们最多了。普韦布洛人在弗德台地上平平稳稳地度过了几百年，人口基本趋于饱和，地力负荷也近于极限。1276～1299年，这里发生了一场长达24年之久的大旱灾，饮水枯竭。人们被迫忍痛放弃家园，向东逃荒到水源充足的地方去。从此"悬崖宫"大村落湮没于大地。

扫码获取更多资源

# 罗马古城为何神秘失踪

无独有偶，在古罗马城，有一座古城有着与庞贝城相似的命运。它就是：赫库兰尼姆。

它的发现是基于一个偶然的缘故，1709年，一群工人在那里挖井，发现了古时剧场的舞台，进一步挖掘以后，陆续发现了众多的大理石构件。就这样，死城被发现了。

但当时意大利处在被奥地利军队占领下，奥国的亲王闻讯后只关心攫取大理石，以建造的他新别墅，根本不重视考古发掘的事情，更别提能否意识到它挖掘的是世界上独一无二的珍宝——一座完美无缺的古城了。

直到1738年，意大利的皇家图书馆馆长、人文学家唐·马赛罗·凡努提侯爵开始在赫库兰尼姆城发掘。他清理出土了3个穿长袍的罗马人的大理石雕像，又找到一方铭文，借此了解到曾经有个叫鲁福斯的人出资兴建了"海格立斯剧场"。依据这一点，专家们断定，这里就是失踪千年的罗马古城赫库兰尼姆。

1763年庞贝城出土了刻有"庞贝市公所"铭文的石碑，人们的目光都聚集到那里，甚至掀起了一股发掘庞贝城的热潮，相应地，赫库兰尼姆的发掘受到了冷落。直到1927年，意大利政府终于决定分阶段的发掘赫库兰尼姆城，赫库兰尼姆城的原貌开始逐步展现在世人面前。

赫库兰尼姆城，又叫海格立斯，是以希腊神话中的

52

朱庇特神庙。朱庇特是罗马的主神，在当时的许多城镇却建有朱庇特神庙。公元62年的大地震摧毁了它，罗马人只是修建了一座临时的神庙。

20世纪30年代挖掘出的奥斯蒂亚剧院局部图，它也是当时赫库兰尼姆城最具代表性的建筑之一。它充分显示出了当时罗马人高超的建筑水平。

机等复杂的现代化工具。但是具有讽刺意味的是，那坚硬的岩浆对于赫库兰尼姆城的破坏力反而比早年发掘的寻宝者造成的破坏要小得多。事实上，火山熔岩对赫库兰尼姆城起到一种保护作用。他虽然使得木料炭化，并没烧断木头；所以许多门窗在原来的位置就可以自如地开关。

在有家小吃店的柜台上还放着胡桃；修理店里，有铜烛台仍放在远处等待修理……就连墙壁上的涂鸦也被保存了下来。有间屋子的斜坡上，写着一句话："帕吐姆那斯爱艾菲安达"。但是，赫库兰尼姆城的居民们却神秘地"失踪"了。在最初250年的发掘中，仅仅发现9具遗骸。所以，人们推测，赫库兰尼

英雄海格立斯的名字命名的。在人类史上，这座城市曾经被意大利几个不同的民族相继占领和统治过。公元前89年，它同庞贝城共同被罗马人占领，成为罗马国的一个属地。公元79年8月24日，维苏威火山爆发前夕也就是该城未失踪的时候，它的占地面积约为23万平方米，人口达到5000人。

赫库兰尼姆城是建立在发源于维苏威火山的两条溪流之间的高地上，四周环绕着高墙。但是，覆盖在赫库兰尼姆城的熔岩混杂着大量巨大的岩石，掩埋得又比较深，平均达到了20～26米。因此该发掘工作带来了想象不到的困难。为了穿透异常坚硬的岩层，考古工作者不得不动用空气压缩机、推土

一位乞丐在逃跑的过程中倒地，他的身边还有用来乞讨的口袋。

这是一家人，包括他们的仆人，都企图尽最大努力逃出灾难区，但扑面而来的火山灰和毒气很快便将他们吞没。

意大利那不勒斯海湾边的维苏威火山，尽管它在 2000 年前的喷发毁灭了一个时代，但它的泥浆和火山灰却为我们保存了那个时代的生活画卷。

经过艺术家精巧的笔复原的赫库兰尼姆城局部图，从中可以看出当时古罗马高潮的建筑艺术水平。它为后来的建筑艺术提供了很多可供参考的东西。

姆城的居民大多数逃走了。

但是，事实上并非如此。1980 年，安装地下水泵的工人们发现了两具躺在古海滩上的遗骸。一具是稍胖的男子，考古学家们发现他的身旁有条打翻了的船，另一具是女性，长得很美。1982 年，考古学家们在大面积清理海滩时，意外地发现了 13 具遗骸。同一年，用挖掘机来挖掘海堤下面堵塞有岩石的三处石拱门时，其中的一个拱门下，发现了 6 个成年人、4 个儿童以及一个抱婴儿的保姆，他们的遗骨挤作一团，另外的两个拱门下，分别发现 48 具尸骨、19 具尸骨。

也是在同一年，考古工作者还对海岸边的 10 间小屋进行了清理工作时，发现大量保存完整的遗骸。

总共算起来，赫库兰尼姆城大约出土了将近 200 具遗骸。通过对这些遗骸进行深入细致地研究，他们已经了解到在古代罗马，男子的身高一般为 1.70 米，女子为 1.55 米，虽然就健康状况来讲，有几具骸骨有患关节炎、贫血症等迹象，总体说来大部分人的体格健壮、肌肉发达，健康还是相当可以的。

赫库兰尼姆城虽说几乎是与庞贝城同时覆灭，这两座城在各方面的状况却存在着较大的差别。据美国《全国地理》杂志 1984 年 5 月号所发表的文章，作者里克·戈尔指出，在公元 79 年维苏威火山喷发的时候，灼热的岩浆在袭击庞贝城之前，就已经有3股岩浆流下维苏威火山，很快就把卡在岩浆流动路上的赫库兰尼姆城淹没了，随后岩浆迅猛上涨，将其覆没，所以它比庞贝城要早7小时覆没。同时，由于有丰富的地下水浸润而能够使泥土保持潮湿，使得赫库兰尼姆城比庞贝城保存的要好得多。加上不受空气的影响，尽管被炙热的岩浆灼烧过，也保持得很完好，因此发掘出来的时候与被掩埋时几乎没有什么两样。

到如今，庞贝城已有大约3/5重见天日了，而赫库兰尼姆城却离完工之日还遥遥无期。主要由于它掩埋得较深，岩层又坚厚，加上又处在现代城市之下，进展不免困难重重。虽然现在已经发掘出赫库兰尼姆城的4个行政区，还有石头街、古罗马广场、长方形大会堂以及竞技场的一半，但是还有更多的遗迹、遗物被深埋于地下，甚至赫库兰尼姆城的实际规模，也还需要进一步的发掘来评估。基于以上的因素，赫库兰尼姆城已经被誉为"考古史上最引人瞩目的未完成的工程"。寻寻觅觅千余年都不见其踪迹。20世纪60年代，这个城市竟然在土耳其出土，令人难以置信。

塞韦里亚大道，大道宽10.5米，一部分是车道，一部分是人行道，它实际上已具备了现代公路的雏形。

# 韩国的海底王陵怎样形成

根据民间的传说，在韩国地区庆北道月城郡甘浦海的海底，保存在着一座完全按照王的遗嘱而建筑起来的王陵。在朝鲜的历史上，他就是新罗国赫赫有名的第30代文武王，毫无疑问，他的陵墓是这世界上独一无二的海底王陵。据估计，确切的建筑时间可能是在日本的天武时期营建的，但是直到最近，有关这座王陵的具体位置，人们还没有搞清楚。至于它的出土，也几乎可以说是出于偶然的巧合的。那是1959年，在大王岩海底附近发现了为文武王精心修建的感恩寺遗址，考古学家继续发掘，进而发现了这座海底王陵。

关于这座海底王陵，还有这样的一段故事：当年文武王去世后，埋藏在海底的大岩石中，由于留恋人世的忧患，几乎在每个夜晚都幻化为龙来到感恩寺，以便镇压东海的倭寇的进犯，所以，人们就依据这些来推测说这里就是龙穴遗址。

韩国庆尚北道的佛国寺，相传海底王陵中的寺庙也是仿照这样式建筑的。

在后来对东海海上的大王岩所进行的实地考察过程中，在1967年发现了凭借着岩礁的低洼地势而营造的陵墓，也就是今天我们见到的大王岩海底陵墓。

在历史上，这位文武王的势力相当强大。他本人精明强悍，富于政治才干，他治理下的新罗国度，经济繁荣，社会安定，人民生活比较富裕，国家也积累了大量的物质财富。所以，有关的考古界业内人士就此推测，他的这座王陵中也应该会存在着数量巨大的珍贵财宝，以作为随葬品之用。上述这些推测，无疑早就引起了众多的淘金者和投机家们的浓厚兴趣，他们掀起了海底掘盗寻宝之风，可以说这

在海底王陵中发现的持国天王彩色雕像。

采取漠不关心的态度来对待，应该是有害的；况且，在当今众多的水下活动诸如机械化的拖网渔业、水下娱乐部之类的飞速发展，已经使得水下考古遗迹受到相当程度的破坏。在这种情况下，早日认识海洋这一考古新领域的重要性，运用现代化的技术积极发展水下考古学，致力于诸方面的研究，应该是大有作为的。这次海底王陵的发现，就得益于这方面的有益实践，是已经取得的重大可喜性成果之一。

毋庸置疑，这项发现填补了韩国历史的一段空白，扩充了该国社会历史方面的文献以及实物方面的资料。但是，在这里还要注意到，这些水下遗迹几乎完全是偶然发现的，即使在发现后也是很容易消失的，因此，就在某种程度上造成了进行彻底的实地考察的难度。比如

种行为已经影响到水下考古的考察地步了。

一般来讲，在海底，特别是海湾和沿海岸水域的海底，飓风、地震、洪水以及水位的变化都十分频繁而剧烈，所以使得许多同过去的人类活动相关的物证被以化石形态保存下来。迄今为止，已经在全世界许多海域发现了不计其数的珍贵遗物和遗址。当然，在海洋开发已经高度发展的今天，假如对这些海底文物不闻不问，认为是与考古学无关，

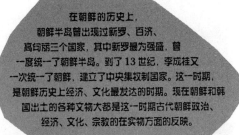

在朝鲜的历史上，朝鲜半岛曾出现过新罗、百济、高句丽三个国家，其中新罗最为强盛，曾一度统一了朝鲜半岛。到了13世纪，李成桂又一次统一了朝鲜，建立了中央集权制国家。这一时期，是朝鲜历史上经济、文化最发达的时期。现在朝鲜和韩国出土的各种文物大都是这一时期古代朝鲜政治、经济、文化、宗教的在实物方面的反映。

说，在彻底的实地考察中，应该降低水位高程，换种方式，就是将考察地的水排干，使要考察的地方露出水面。

此外，18世纪以来，已经有众多的海洋捕捞船和拖网渔船在地中海的各个海域里，打捞出古代遗物的事。可惜在当时，这些遗物最多也不过是作为古玩来鉴赏，更多的情况是把他们视为破坏渔网的水下障碍物，并加以破坏。进入20世纪的60年代，与水下考古相关的一些调查报告及记录相继出版问世，却还没有专门以考古研究为目的而进行的调查报告。但是在海洋学研究工作中也有偶然取得关于水下考古成果的事来。可以说，这次南朝鲜的大王岩

韩国护国寺一角。护国寺是新罗王国鼎盛时期的皇家寺院，它的建筑风格代表了新罗王国最高的建筑水平，海底王陵中的许多建筑都是仿照护国寺建造的。

了解到的情况是：文武王火葬之后的骨灰是被装入石棺里，然后石棺又被沉入海底的。在石棺的上面覆盖有巨大的天然石棺盖（水深达到1米）。据传说，当海水清澈的时候，人们能够看得到整个石棺的全貌。当然，这上面覆盖着的巨石，的确倍加增添了整体上的庄重、肃穆和神秘感。

至于这样做法，究其本源，应该是有着深厚的文化内涵的。在古代的朝鲜，人们也相当普遍的相信在大海底存在有水神，就是指龙王，而且还有龙王居住的宫殿就是指龙宫。而且龙宫正是人死后的魂灵应该去的地方，也就是人希望自己可以长生，既在生前拥有享乐生活，还希望可以把它带到死后继续享用，于是，就幻想有座龙宫可以实现这个愿望。相信文武王当年许遗愿的初衷，自然也不可避免地要受到这种观念的影响。正是由于他渴望在死后仍然能够享用生前的荣华富贵，因此，他宁可相信灵魂永生，也甘愿沉入海底，并且为此建造起一座海底王陵来。

# 罗马地下墓穴如何产生

奥古都斯陵墓。这是当时富人的陵墓。它的直径达87米，上端是锥行土丘，土丘上种了树，并竖立着皇帝的塑像。

据历史的记载，在公元2世纪到4世纪期间，罗马帝国曾实行这样的法律：死去的人只能被火化，或被埋入城墙内。这条严厉的法令被强加于所有罗马居民的身上，基督教徒也不例外。但基督教徒的信仰是：只有把他们死去的亲友埋在地下后，他们的亲人才会复活并获得重生。为了维护自己的信仰，同时又为了不冒犯帝国的法令，基督教徒中的富裕人家就将坟墓修建在了罗马城外的道路两旁。这些坟墓被称为卡塔康巴斯，希腊语是"洞穴"的意思。最初的基督徒公墓就建在道路两侧的这些空地上。

罗马的地下墓穴就是从这些早期的公墓发展演变而来的。那些早期的墓穴是一些简单的洞穴，用以纪念基督教忠实的信徒，同时也表达基督徒们对基督教的无限忠诚与支持。地下墓穴的建造始于公元2世纪，因为公墓的空间越来越拥挤，原本在地面进行的墓地建设最终不得转移到地下，长时间后就逐渐的形成了巨大的地下墓穴。罗马的地下墓穴中的大多数墓穴都有四层，有着一个体系庞大的陈列馆和许多狭窄的通道和阶梯。死者的尸体都放在了墓穴中的壁灶里，这些壁灶有16至24英尺高，47至59英尺长，是由多孔凝灰岩石制造而成的。那么这个庞大的地下墓穴是怎么样制造的呢？

　　原来这座地下冥府是由一群被称为"法苏里"的专业人员建造的。这些建造者充分的运用了他们的经验和智慧，在罗马的地下开凿出了一个巨大的地下系统。地下墓穴里面是长廊鳞次栉比，纵横交错，它们的通过过道相互连接，并且还分为了上下分层，上下层之间是通过狭窄而陡峭的阶梯相连接的。除了这些的工作之外，他们还在岩石上精雕细琢，不放过任何一个细微之处，以致于使人们感觉这种地下墓穴是天然形成的。

　　罗马地底的土质属于凝灰岩层，属于一种软性泥土的性质，它们的质料细腻，有时也较粗，并且中间有时还混杂着类似火山喷口的碎屑。这类泥土开掘时极其的容易，但是这种泥土一旦和空气接触，便凝固犹如坚石。罗马地势干燥，掘下几丈或十余丈深，还是见不到水，死人埋葬地下，可以永久安眠。这样的墓穴安排既不冒犯帝国的法律，又保护了基督教徒的信仰。

这是版画《罗马的地下》中的插图，这是早期的基督教的殉难者的遗体被放在地下墓穴里保存起来。

为了防止盗墓并且保护死者不受亵渎，早期的隧道挖掘者设计了迷宫一样的长廊和狭窄的通道，使闯入墓穴者几乎无法找到出口或按照原路返回，这样的安排是为了保护死者的灵魂的。

地下墓穴里是阴冷、潮湿，空气中弥漫着令人窒息的尸臭味，更重要的是那里绝对黑暗。任何进入地下墓穴的人都会被这绝对的黑暗所震惊。

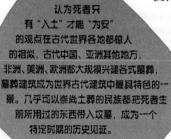

认为死者只有"入土"才能"为安"的观点在古代世界各地都惊人的相似，古代中国、亚洲其他地方、非洲、美洲、欧洲都大规模兴建各式墓葬，墓葬建筑成为世界古代建筑中最具特色的一景。几乎可以崇尚土葬的民族都把死者生前所用过的东西带入坟墓，成为一个特定时期的历史见证。

有的墓穴的墙壁是用一根根的人骨堆砌而成。并且中央还设有祭坛，祭坛的底座是使用人骨横着堆放的，祭坛高约2米，上面是用一个个人的头骨镶嵌而成的圆形图案，这些头骨都保留了骷髅的形状，有的露出了两个眼洞，有的张着大嘴，使人看了是毛骨悚然。祭坛的后面还矗立着高高的

这几幅在地下墓穴中发现的浮雕，这些浮雕或表示生活场景，或表示交谈场面，图案异常生动、翔实、美观。

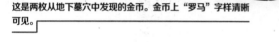

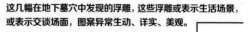
这几幅在地下墓穴中发现的浮雕，这些浮雕或表示生活场景，或表示交谈场面，图案异常生动、详实、美观。

意大利各城市也有。不但意大利有，而且法国也有。巴黎的地下墓穴面积巨大，几乎与整个巴黎城市相当。据考古家的考查，今日的小亚细亚、叙利亚、克利地、爱琴海诸岛、希腊、西西里等各地也都有地下墓穴的发现，可见这个制度传布面积的广遍。

这是两枚从地下墓穴中发现的金币。金币上"罗马"字样清晰可见。

人骨十字架纪念碑，这些组成十字架的人骨是经过了精心的挑选的，它们一根根的放着白骏骏的寒光。除此之外，还有许许多多用人骨拼凑的海盗的符号，并且周围还有完整的人骨柱，靠近墙根的地方还有很多的没有整理的人骨堆。

地下墓穴是古代基督徒拜祭圣徒和殉教者的地方。几个世纪以来，虔诚的基督徒在地下墓穴中跪拜，以表示他们对那些因信仰而死去的人们的敬仰，这样的人被称为殉教者派。从地下的绘画中可看出，有些不同身份的人围坐在桌旁喝酒吃面包，而这就是一种简单的让人难以置信的仪式。

这种地下墓穴，不但罗马一城有，

今天罗马地下墓穴还在继续不断的发现中。已经发现的墓穴，它们的起点均在郊外，这些墓穴环绕着罗马城垣，成为了纵线向外引伸，纵线中有横线来加以贯通。倘若我们把罗马城市比作一只大肚的蜘蛛，那么这些纵横交错的墓穴，就好象一幅大蛛网布满了罗马的各个角落。地下墓穴的大小不一，现在已经发现的墓穴，按照初步计算，埋葬在其中的死者，约有600万人。

63

扫码获取更多资源

# 第3章 神奇的语言文字——古文明的钥匙

## 文字起源新说是否有依据

早期的图画象形文字，这时人们用一些极为象形的符号和特殊的标记来代表某一特定的意义，并使大众能够接受、认同和使用。

文字在本质上是人与人之间通过约定俗成的可见符号进行交流的媒介，是记录语言的书写符号系统。一般传统的文字缘起与发展说都认为：文字发展有四个阶段——图画文字、画谜文字、音节文字和字母文字。最古老的图画文字被古文字学家确认为出现于公元前3500年的美索布达米亚地区，它是由苏美尔的一个城邦基什创造的。当时刻在一块几英尺见方的大理石石碑上的两面12个左右的图画清晰地表明人们的记载意图。后来，当文字发展较为显著的时候，图画压在潮湿的泥土上就比画下来要容易得多了。削尖的、楔形形状的茎杆笔成为常见的书写工具，楔子形状的文字本身逐渐的被称之为由从拉丁语"楔形"或"楔子"而来的楔形文字。

专家们历来认为，"文明摇篮"和文字发源地是西亚一些文化地区。生活在美国的立陶宛女考古学家玛丽姬·吉姆布塔斯却提出了她自己不同的看法：在挖掘历史文物的过程中，她发现了一种可追溯到公元前7000到公元前6000年的古代欧洲残存下来的文字符号。基于这一发现，世界上最古老的文明应该形成于从巴尔干中部和东部山脉到乌克兰西部，自多瑙河中游到亚得里亚海南部这一带地区。

这是出现在欧洲的岩画，这写刻画符合实际上就是早期人们为了表达特定的含义的约定俗成的标记。这些标记后来就演变成早期的文字。

沿着吉姆布塔斯的足迹，考古学家先后发掘出5个公元前5000年曾繁荣一时的古欧洲文化区遗址。这些人类最古老的文字的见证因发现于南斯拉夫贝尔格莱德以东14千米的温察（Vinca）城，故苏梅尔商人不但给巴尔干地区的居民运去

Unsolved Mysteries
of World Archaeology

65

在美索不达米亚出土的泥板画，图画上的许多楔形文字实际就是早期的文字，大多数考古学家认为：这就是人类最早的文字。

20 年来，由于确定绝对年代的技术不断得到改进，上述说法才开始受到冲击。借助于确定绝对年代法证明，温察文化的符号与古代苏梅尔人的象形文字之间存有一个长达 2000 年的历史空隙。研究人员认识到，温察文字决非是从外域输入的，而是"土生土长"形成的。他们在残存的陶土上找到 200 多个包括数字和度量衡在内的单个字符。

定居芬兰的德国语言学家、44 岁的哈拉尔德·哈尔曼，从总体上观察和探讨语言文字史。普斯出版社出版的 570 页厚的著作《世界文字史》便是他献身这一巨大工程的力作，也是迄今为止将所有文字体系集于一部考证极为详尽的珍贵文献。这位史前史专家在其著作中的叙述条分缕析，理顺各种文字之间的横向关系；理由充分地修补它们之间短缺的环节；最后的结论是彻底否定了迄今为止被教科书一直采用的文字起源学说。

他认为，世界上最早的文字体系并非出自古苏美尔人之手。此前 2000 年，即公元前 5300 和前 3500 年之间，古代欧洲一个文化区即已经使用过一种文字，虽然这种文字至今尚未破译，它的残迹历经数千年漫长岁月到如今才被发现。人类历史上首批文字应该属于宗教文字，因为所有写有文字的出土文物都是在宗教寺院和祭祀场所发现的。这清楚地表明，是神职人员最早试验用这

这块泥板写于公元前 2100 左右，它是世界上最早的医案，它列举了药膏和其他外用药的配制方法。右下角的药方是："先把龟甲、纳加西和芥末筛过，再揉成团。用优质啤酒或热水清洗患处，然后用这种药物来搽患处，最后涂上油来按摩，并敷上捣碎的松香。"

刻有楔形文字的泥板画，泥板上的文字表示某一富人拥有的牛羊等财产的多少及数量，官府以此来确定他们的税收。

种新颖的方法记载宗教礼仪、祭祖活动、殡葬仪式和丰收祭典的。他们一直严守其书写秘密，书写一向为宗教界人士所垄断，当然，神职人员并非轻而易举地便掌握了这种书写技艺。他们的祖先早在15000年前便在松脆的山崖上刻画过第一批带文字性质的连续图画。这种古欧洲刻划符号发生和发展时间大体相当于中国的仰韶时代。在当时，中国也有类似的刻划符号，也同样没有得到破译。而只有古苏梅尔文字是破译了的。

宗教文字于公元前4000年中叶突然消失。当时来自南俄草原的另一支操印欧语的游牧部落野蛮侵入欧洲农民居住区。在其残酷统治下，欧洲再度陷入长达2000年之久的无文字时代。最近研究成果证明：并非所有古欧洲文字都在历史上消失了。古代欧洲宗教文字被毁1000多年之后，有人仍在白垩上潦草地刻过类似温察文化那样的女性偶像。人们还发现：公元前2000年的至今尚无法解读的克里特岛宗教文字"线条A(Linear A)文字"尚留下60多个古欧洲单个符号。这说明有1/3的古欧洲文字不曾被历史淘汰掉，他们留到最后闪耀出价值的璀璨。

"文明摇篮"是欧洲，并非西亚地区。古代欧洲的神职人员早在古代苏美尔人使用文字前数千年就已经创造出人类历史上第一批文字。这是两位欧美考古学家提出的一种新见解。从给出的考证来看，他们是有一定道理的，但是文字那么古老的发展里程，我们不能够武断地去判断一个源远流长的事物开端是什么样子。所以关于文字起源新说是否有根据，还需要进一步的考证。

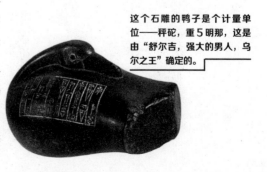
这个石雕的鸭子是个计量单位——秤砣，重5明那，这是由"舒尔吉，强大的男人，乌尔之王"确定的。

# 泥版文书是如何制成的

楔形文字是两河流域特有的产物，其书写材料、书写工具和书写技巧也在世界上也是独一无二的。这与两河流域两河流域木材稀少，但却有着得天独厚的两河冲积平原的泥土，这与自然条件、地理环境都密切相关。苏美尔人那时还不懂得造纸的技术，他们就用黏土做成长方形的泥版，用芦苇或木棒削成三角形尖头在上面刻文字，然后把泥版晾干或者用火烤干。这就是后来人们所说的泥版文书。古代埃及时期，文字刚刚进入图画文字或者画谜文字的时候，一般重要的文字典籍都会用到泥版文书来记载。因为这种书写材料比起纸草、羊皮纸、木材或者一些铁制、青铜等之类的书写材料来说，具有两大明显的优点：一是可以及时取用、并且造价低廉；二是坚固耐用、可以保存时间持久。一开始，苏美尔人的泥板是圆形或者角椎形的，不便于书写和存放，后来苏美尔人便将泥板改为方形的。苏美尔人的大部分文字材料都是刻在这种方形泥版上才得以保存下来的。到现在为止，人们在两河流域已经挖掘出了几十万块这样的泥版文书。由于苏美尔人用的是芦秆或木棒做成的、尖头呈三角形的"笔"，落笔处印痕较为深宽，提笔处较为细狭，后来人们就把两河流域的这种古文字称为楔形文字。楔形文字后来流传到亚洲西部的许多地方，丰富并促进了它们的文化以及 它们之间的交流，为人类文明作

这是在两河流域出土的一块刻满了楔形文字的泥板。这些泥板上的符号许多已有十分明确的含义，它已被考古学家破译。

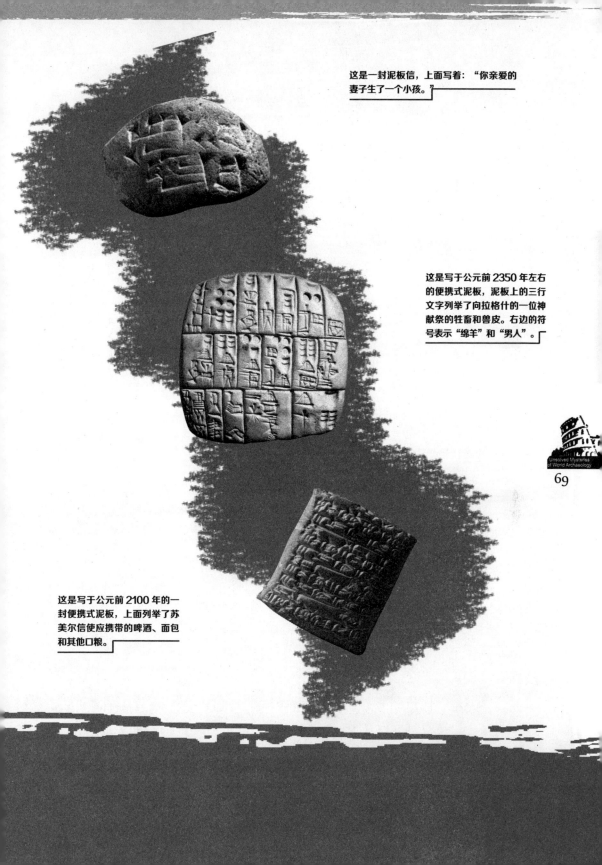

这是一封泥板信，上面写着："你亲爱的妻子生了一个小孩。"

这是写于公元前2350年左右的便携式泥板，泥板上的三行文字列举了向拉格什的一位神献祭的牲畜和兽皮。右边的符号表示"绵羊"和"男人"。

这是写于公元前2100年的一封便携式泥板，上面列举了苏美尔信使应携带的啤酒、面包和其他口粮。

Unsolved Mysteries
of World Archaeology

这是公元前 1700 年左右的一块算术题泥板残片，是用阿卡德书写的。泥板上图文结合。右下角的文字大致可以译为："一个正方形的边长为一，在其内做四个三角形，其表面积是多少？"在苏美尔和巴比伦的学校里，书吏们要学习解决这类问题。在将来的某一天，他们要精确地画图，并计算复杂的农田。

的贡献。公元前 2007 年，苏美尔人的最后一个王朝衰亡之后，巴比伦王国把这份宝贵的文化遗产继承了过来，并且使之有了更大的发扬和光大。

经考古学家研究发现，泥版的制作过程是这样的：先把黏土使劲揉搓，根据需要做成大小不一的长方形状，并把棱角磨圆。一般是一面较为平坦，而另一面则要较为凸出。泥版做好后，就可以在上面书写了。书吏首先用细绳在上面画好格子，然后用芦苇笔或其他的书写工具在泥版上刻字或者画图。泥版的两面都可以刻字，但为了避免书写一面的时候把另一面擦掉，书写时通常要先刻平滑的一面，然后再把泥版翻过来，在凸出的另一面刻写。小的泥版可以拿在手上刻写，大的则把它放在特制的架子上。两面都写完之后，就把它晾干或烧制，经过晒干或火烤的泥版非常坚硬，印刻在上面的文字或图案可以长久保存。现在考古发掘的泥版最古老的已经有 5000 多年的历史，最近的也要不会小于 3000 年的时间。泥版的书是没有办法去装订的，所以如果一块泥版写不下一篇文章，那么这几块泥版上都要有全书的标题和编号，而且下块泥版一般要重复上块泥版最后一行字，以便读者查寻。如《吉尔伽美什》史诗的开始是"关于见过的一切人"，这句话就成为全书的标题，这部史诗共写了 12 块泥版。这样的泥版文书，在尼尼微遗址就发掘到 2 万块以上，现在总共约有几十万块，涉及政治、经济、文学、艺术等各个方面的内容。烦琐而且繁重，但是在当时来说，已经是很先进和有水平的技术了。想来成为一个泥版工人还需要不短时间的学习和锻炼。

泥版的保存与保密也别具特色，经过晒干和烘烤的泥版非常坚固耐用，可以保存很长久的时间。但存放起来并不十分方便，如果拿我们现在用的约 50 页的 32 开本的文字量写在泥版上，就会有 50 公斤的重量！因此，泥版的存放就完全不能像书籍一样。存放在图书馆里的文字版书，成套的泥版要用绳子捆起来，附上标示这些泥版各自内容的一个小型的泥版块，放在架子上或书库里。也有的用篮子或泥坛、泥罐存放。一些重要的文件或者需要保密的书信，则采用一种特殊的"信封泥版"来保存。即用另一块泥版盖在印有重要文件的泥版上，用软泥封住两块泥版的四边并盖上印章，在外部泥版的表面，往往刻有该文件的副本或内容概要。这种方法可以有效地防止泥版的意外损坏或者伪造和篡改。信件的保护也是这样，把写有信的泥版包上一层薄薄的粘土，收信人接到信后，只要把这层粘土去掉就可以读到信件的内容了，虽然剥落外层黏土的过程也许并不太轻松。

　　泥版文书的创制过程和中国制陶的过程有一些相像，人类的文明是如此奇妙的互相感应着的，泥版文书的创建展示了人类智慧的结晶，但是关于泥版文书的创制里仍然有很多没有解开的问题，如泥版文书的材料要如何调制？泥版文书在长久的保存过程里遇到水以后字体的扭曲会不会使释读有产生误解的可能？如果有，这问题又是如何解决的？历史的问题，还等待研究的智慧和时间的检验。

公元前 1800 年左右刻在一块四方石头上的苏美尔王表，是最早的历史文献之一，王表记载："乌尔纳姆统治了 18 年，舒尔吉统治了 48 年，阿马尔辛统治了 9 年，舒辛统治了 9 年，伊比辛统治了 24 年"

Unsolved Mysteries of World Archaeology

71

# 纸草文书记录了什么

公元前 525 年，埃及开始处于波斯的统治之下。公元前 332 年，波斯向亚历山大大帝投降，埃及成为希腊帝国的一部分，并以亚历山大大帝的名字归属于亚历山大大帝的管理统治之下。但在公元前 323 年，在能够顺利地管理这整个国家的政权之前，亚历山大大帝去世了。他的一位将军托勒密在公元前 305 年自称法老，从此开始了一个漫长的托勒密王朝。随着公元前 30 年克娄巴特拉女王的去世，托勒密王朝也结束了它的统治。埃及此后又成为罗马帝国的一部分。

古埃及人最早使用象形文字，约公元前 27 世纪，他们的字库已经比较可观了。后来他们又发明了拼音字母，形成了象形文字和拼音文字并用的状况。经过长期发展演变，形成了由字母、音符和词组组成的复合象形文字体系。现在在金字塔、方尖碑、庙宇墙壁等一些被视为神圣或者永恒的地方，人们仍然可以清楚地看到古代埃及的象形文字。后来为书写的方便，又发展出了称为僧侣体的更为简化的象形文字。古埃及拼音字母的流传对西方拼音文字的发展产生了深远影响。英国古文学家伯纳德·格伦费尔和阿瑟·亨特在发掘埃及王室遗址——俄克喜林库斯古遗址的时候，发现了很多希腊和罗马统治时期的埃及遗迹。他们于 1895 年开始，花费了 10 年时间研究埃及的古遗迹，但是在该课题的研究期间，他们发现了许多古代的纸草文书（写在纸莎草纸上的文献）。

这些纸草文书包括法律文件、

埃及书吏使用过的木质笔盒，里面装着书写使用的材料，一支芦苇笔，两个墨盒，其中一个放黑墨，另一个放红墨。

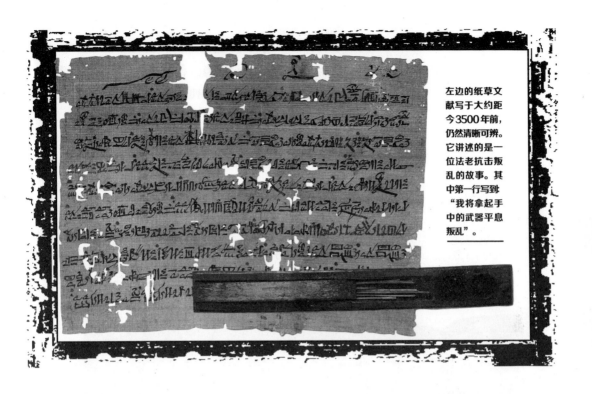

左边的纸草文献写于大约距今3500年前，仍然清晰可辨。它讲述的是一位法老抗击叛乱的故事。其中第一行写到"我将拿起手中的武器平息叛乱"。

信件、请愿书和收据等，为我们了解希腊人和罗马人的生活方式提供了重要资料。另外还有一些已遗失的古典学术权威和学者作品的复本，例如柏拉图、索福克勒斯等的作品。总而言之，有关纸草文书的研究对了解埃及这一时期的状况提供了一个独特的视角。

纸草是一种与芦苇相似的植物，盛产于尼罗河三角洲。纸草英文名字叫papyrus，据说英语里的paper一词即源于此。人们把纸草切成长度合适的小段，先剥去芦苇的表层，再把白色的内茎剖开。内茎是一层层地粘贴在一起的，把他们压平，拼排整齐，连结成片，风干后即成为形成了适合书写的纸一样的纸草。他们用芦苇杆等作笔，以菜汁和黑烟末制墨，在纸草上写字。但是长时间后纸草会干裂成碎片，所以极难保存下来。所幸的是，还是有极少数的纸草文书流传于世，藏于大英博物馆的一份纸草文书记载了古埃及人的算术和几何成就，相传是一位名叫阿摩斯的僧人从第十二王朝的一位国王的旧卷子上转录下来的。这些纸草为我们提供了极其珍贵的古代信息。

古代埃及的数学很发达，现今对古埃及数学的认识，主要根据两卷用僧侣文写成的纸草书；一卷藏在伦敦，叫做莱因德纸草书，一卷藏在莫斯科。埃及很早就用10进记数法，但却不知道位值制，每一个较高的单位是用特殊的符号来表示的。例如111，象形文字写成三个不同的字符，而不是将 1 重复三次。埃及算术主要是加法，而乘法是加法的重复。记载有一位法国人（具体不可考）弄明白了纸草书上文字的含义，使人们知道，古埃及人已经学会用数学来管理国家和宗教事务，确定付给劳役者的报酬，求谷仓的容积和田地的面积，计算建造房屋所需要的砖块数目等等，还可以用来计算酿造一定量酒所需的谷物数量。用数学语言来说，就是古埃及人已经掌握了加减乘除运算、分数的运算，还解决了一元一次方程和一类相当于二元二次方程组的特殊问题。纸草书上还有关于等差、等比数列的问题。另外，古埃及人计算矩形、三角形和梯形的面积等的结果，和现代的计算值十分相近。比如，他

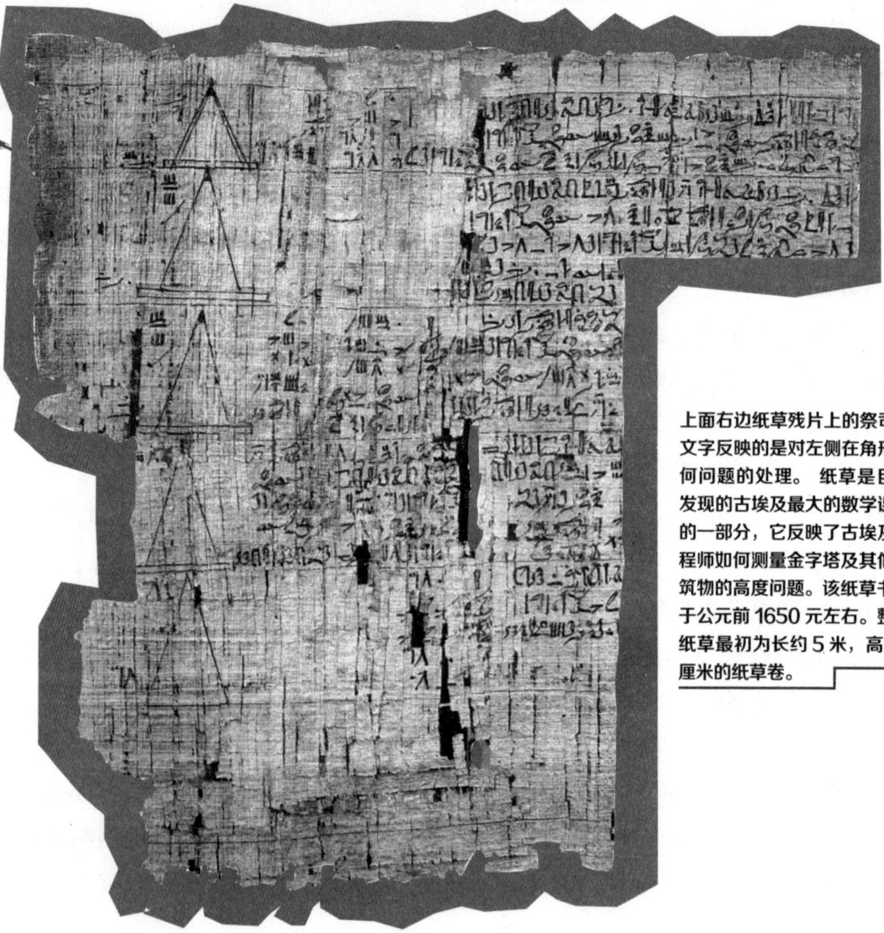

上面右边纸草残片上的祭司体文字反映的是对左侧在角形几何问题的处理。 纸草是目前发现的古埃及最大的数学课本的一部分，它反映了古埃及工程师如何测量金字塔及其他建筑物的高度问题。该纸草书写于公元前 1650 元左右。整个纸草最初为长约 5 米，高 33 厘米的纸草卷。

世界考古

74

们用公式（d 为直径）计算圆的面积，将直径减去它的 1/9 之后再平方。计算的结果相当于用 3.1605 作为圆周率，这相当于取 π = 3.1605，虽然他们并没有圆周率这个概念，但这已是非常了不起的发现。埃及的科学文化水平在当时就显示了这样充足的数学知识，实在是只有古埃及人才能够建成了如此精密有如此宏伟的文化奇观金字塔。

古代埃及人积累了一定的实践经验，但还没有上升为系统的理论。莱因德纸草书用很大的篇幅来记载 2/N(N 从 5 到 101) 型的分数分解成单位分数的结果。为什么要这样分解以及用什么方法去分解，到现在还是一个谜。这种繁杂的分数算法实际上阻碍了算术的进一步发展。

埃及纸草文书是不是仅仅记载了关于数学的东西，古老的埃及有着内涵丰富的文化，纸草文书是不是专门用来记载科学创见的，或者其他的一些记载被损坏了以后还不曾发掘出来？

这快泥板上刻的是一位古埃及的书吏，泥板上部的文字是他夸耀自己在社会中的重要地位。

大约在公元前 3300 年，当时的埃及人开始用文字书写，他们的象形文字很可能表示完整的单词或概念。同时，不少文字也具备了表音的功能，出现了 25 个表音符号。许多象形文字被简化，并且上下粘连，类似现代的草书。

扫码获取更多资源

# 古老的印加有文字吗

印加人的"基普"，既采用结绳记事的方法，他们记事的绳一般采用羊驼或马毛编织，再在主绳上用细绳打结表示别的意思。

公元 1200 年左右，以太阳之子孙自诩的印加部落征服了库斯科盆地，和以它为中心的邻近部落及氏族，在高原上建立了强大的印加国。印加国农业和手工业水平都有着较高的发展水平。他们用棉花或羊驼毛在织布机上织布，并能编织出各种式样、色泽鲜艳的动植物图案和几何图形，他们把劳动、生活等场景刻在陶制或青铜铸造的器皿上，能够达到以假乱真的程度，据说 1533 年西班牙殖民主义者打进库斯科的印加王御花园时，竟然会把点缀园景的金花、银花当成了鲜花，伸手去采摘的时候才发现是人工镂刻的。印加人民的天文知识也达到了相当发达的水平。信奉多神教印加人民把日月星辰都视为神灵，从而把天文学和宗教信仰巧妙地联系在一起。他们通过对星辰，尤其是对月亮圆缺的长期观察，编制了相当精确的历法。为了观察太阳位置，与农业季节的关系，印加人民在库斯科附近建造了观察台。在马丘比丘还发现了一个土语叫"因蒂华姐娜"的

在秘鲁一带出土的刻有符号和图像的陶罐。在这些陶罐上也有一些表意的符号，可能是印加人创造的文字。

古代测时仪器。

印加文化如此丰富，瑰丽神奇，但是印加人到底有没有自己的文字却一直是史学家长期以来争论不休的一个问题，有的学者认为，印加陶器上那些类似豆子的符号就是他们的文字，是一种特殊的会意文字，只是尚未破译出来而已。有的学者则认为，16世纪以来，在库斯科太阳神庙里的金柜装饰物上的那些"图画"就是传说中的象形文字。1980年5月，英国工程师威廉·波恩斯·格林经过整整7年的考察，写了题为《介绍印加人的秘密文字符号》的学习论文，提出以下观点：印加文字有16个辅音和15个元音组成，这种秘密文字是美洲最早的象形和表意文字之一。然而，这种观点却并不被史学界、考古学界和学者所接受。

更多的学者认为，印加没有自己的文字，他们创造了结绳记事的方法，管理有序的驿道制度和有关宗教技艺等的教育制度去维系整个印加帝国的正常运行。印加的结绳记事方法有两种：基普和塞而卡，主要用于辅助记忆、统计和记事。但是这两种方法通常为少数祭司、贵族所垄断。基普是印加人用羊驼毛或骆马毛编成各种结的彩色绳子。1981年1月19日，在秘鲁利

印加库斯科城遗址。在16世纪以前，这里曾是古印加人的政治、经济、文化中心之一，但随着西方殖民者的入侵，印加文化的衰落，这里才变得荒凉冷清。

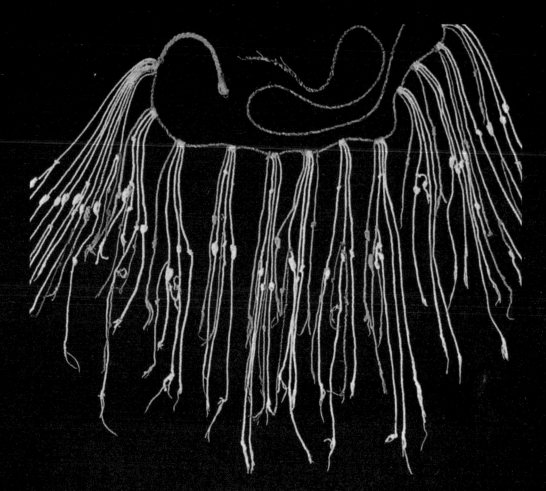

省拉帕斯村发现的印加古记事绳长 250 米，是迄今发现的最长的记事绳。细绳的不同颜色代表不同的事物。根据专家们研究，褐色代表马铃薯，白色代表银，黄色代表金，黑色代表时间，红色代表士兵。印加人借助绳的颜色、结的形状、大小和位置，来进行对各种重要事件、自然现象的区别和统计，印加王则通过原始邮政系统传递的记事绳，来了解各地的收成、账目和治安等状况。基普是一种辅助记忆的手段，而不是一种文字形式。基卡尔是另一种辅助记忆的手段，它是画在毛织品、布板、石板上的历史图画符号。基卡尔的形式是多样的，一种是在布板或织物上画的没有年表的历史图画符号。一种是在一些奇怪的石板上画的像堡垒开放状的一排

直到今天人们还在研究印加人打节绳子的准确的含义，因为每个节的含义都是独一无二的，不同的长度、颜色和不同的节的组合都表示不同的意义。它的意义或许只有当初的设计者才知道其含义。

这只是一种计算和统计的符号。最初侵入印加帝国的西班牙人曾记述，他们在库斯科的太阳神庙附近的一所专门的祭司秘房中，发现了贴在木板上的大幅粗布画，画布记述着印加人的传说和历史事件。16世纪西班牙驻秘鲁总督托莱多曾亲眼见过那种布板，上面画着印加统治者的像，人像的周围有关于印加神话传说的符号。但遗憾的是布板的金框被西班牙殖民者劫走，金框中的历史图画被焚烧化为灰烬，托莱多的见证不能成为事实的依据。

在印加王国有专门掌管和运用"基普"的官员，官名为"基普卡马约克"，一般均为贵族和贵族子弟，他们经常陪同印加王使臣去各地巡游，负责监督税收和人口统计，实际为王室的会计和兼职秘书。他们依据记事绳向国王汇报情况。在印加王国为贵族子弟设立的学校里，教师还专门传授结绳记事的知识和方法。专家研究说这样的学校设立在首都库斯科，培养从事专职工作的专业人才。学习期限是4年，第1年学克丘亚语，第2年学天文历法，第3年学会表达和识别基普，最后1年学习其他专门知识。

印加王国是西班牙殖民主义者入侵前美洲最主要的文化中心，在印加文化中占重要地位的巨石建筑群和纵贯南美洲的石砌大道，令当今建筑师都赞叹不已，然而这一切如果说是在没有文字的情况下完成的，实在难以让世人信服。虽然到现在为止确实没有确凿的证据证明印加人有过文字，但史学家和学者一直在努力地寻找，所以关于印加文字的有无问题还会继续争论和探索下去。

印加人不借助任何文字或其他书面语言的情况下统治庞大的帝国，他们创造了文字的替代品——"葵布"，即结绳来传递信息。

# 寻找消失的历史——
## 传说背后真实故事

## "沙漠壁画"是何人所作

撒哈拉沙漠是世界上最大的沙漠,沙漠里终年气候炎热。撒哈拉沙漠总面积达940万平方千米,几乎占整个非洲大陆的1/3。在阿拉伯语中,"撒哈拉"意即"大沙漠"。然而就在这辽阔和苍茫的沙漠里,居然隐藏了许许多多绮丽多彩的大型壁画,他们是曾经一个个远古文明的结晶,也昭示着世人的探寻。

专家们根据壁画描述的内容及雕刻风格的不同将它分为几个时期:狩猎时期:公元前6000~公元前4000年。这时的壁画人物圆脸丰额;牛时期:公元前4000~公元前2000年,这时期壁画人物的发型与夫鲁贝人相似;骆驼时期:公元前2000年以后,这时的壁画由游牧民族创作。

1933年,法国骆驼兵队到达沙漠,不经意间竟然在中部塔西利台·恩阿哲尔高原上发现了长达数千米的壁画群,这些壁画都绘在受水侵蚀而形成的岩阴上,五颜六色的纷繁里每一种色彩都那么雅致、和谐,壁画刻画了远古人们生活的情景。

**法国布莱昂少尉将此消息公布于**

世，立刻引起了世人的注意。欧美一些考古学家、考察队等都纷至沓来，在又一个新鲜的历史发现里找寻自己的心灵感应。1956年，亨利·罗特率领法国探险队在撒哈拉沙漠发现了1万件壁画。第二年，将总面积约11600平方英尺的壁画复制品及照片带回巴黎，这所造成的轰动使沙哈拉沙漠的"沙漠壁画"迅速的闻名于世。

一些考古学家和地质学家考证，在距今约3000～4000千年前，撒哈拉原来是湖泊、草原之地。约6000多年前，曾是高温和多雨期，以塔西利台地为起点，北到突尼斯洼地，南到基多湖畔，构成了庞大的西北水路网。多雨期使台地出现了许多积水池，各式各样的动植物于是有了高度繁殖发达起来的环境。

同样从发掘出来的大量古文物也能推断出，距今约1万年至4000年前，撒哈拉是草木茂盛的绿洲。另外从壁画的动物中，马的数量最多，以及水牛的形象来

看，当时的

自然环境也应该是这样的。当时有许多部落或民族生活在这块美丽沃土上，创造了高度发达的文化。这种文化最主要的特征是磨光石器的广泛流行和陶器的制造。在壁面中还有撒哈拉文字和提斐那占文字，说明当时的文化已发展到相当高的水平。壁画的表现形式或手法相当复杂，内容丰富多彩。从笔画来看，较粗犷朴实，所用颜料是不同的岩石和泥土，如红色的氧化铁、白色的

1909年，法国军人最早发现了塔西利·那杰鲁的壁画，这些壁画的图案多以牛羊马为主，表现了当地人的狩猎生活。这是塔西利史前洞岩壁画。

高龄土、赭色、绿色或蓝色的页岩等。是把台地上的红岩磨成粉末，加水作颜料绘制而成的，由于颜料水分充分的渗入岩壁内，与岩壁的长久接触而引起了化学性变化，溶为一体，因而画面的鲜明度能够保持很长时间，几千年来，经过风吹日晒岁月的流洗而颜色至今仍鲜艳夺目。这是一种颇为奇特的现象。

在撒哈拉壁画群中，有众多的人物形象，其中描绘最多的当数雄壮的武士形象，表现出一种凛然不可侵犯的威武神态。他们有的手持长矛、圆盾，乘坐在战车上迅猛飞驰，表现出征场面。在壁画人像中，有些身缠腰布，头戴小帽；有些人佩戴着武器，像是敲击乐器的样子；有些作献物状，像是欢迎"天神"降临的样子，是当时人们祭神活动的象征性写照；还有些人像作翩翩起舞的姿势，轻盈飘逸。从画面上看，舞蹈、狩猎、祭祀和宗教信仰构成了当时人们生活和风俗习惯的重要内容。很可能当时人们喜欢在战斗、狩猎、舞蹈和祭礼前后作画于岩壁上，借以表达他们对生活的热爱或激动情绪。

有些学者考虑到撒哈拉沙漠的形成过程时，把撒哈拉沙漠的演化分为三个阶段：公元前 5000 年到公元前 3000 年左右，在撒哈拉草原居住着很多狩猎或游牧部落，公元前 3500 年到公元前 2000 年左右，是骑乘时代即马的时代；公元前 400 年公元前 300 年左右，随着气候变化，此时是撒哈拉的骆驼时代，沧海桑田的变迁，使草木茂盛的绿洲变成了大沙漠。

撒哈拉沙漠经历这么长的时间的洗礼和变迁，是谁在什么年代创造出这些硕大无比、气势磅礴的壁画群？刻制巨画又是为了什么？在恩阿哲尔高

1994 年 12 月在阿尔代什谷的沙夫洞穴内发现的绘有多种动物形象法的壁画，经测定这些壁画已有 3 万年的历史，它们是已发现的最古老的壁画。显然，这些壁画是当时人们的某种崇拜的体现。

世界考古

82

原丁塔塞里夫特曾发现一幅壁画，画中人都戴着奇特的头盔，其外形很像现代宇航员头盔。这些圆圆的头盔，和画中人穿着的厚重笨拙的服饰令许多人觉得困惑。美国宇航局对日本陶古的研究结果显示：日本陶古，是在日本发现的一种陶制小人雕像。陶古是蒙古服的意思。这些陶古曾被许多历史学家认定的为古代日本妇女的雕像。可是经过美国宇航局科研人员鉴定，认为这些陶古是一些穿着宇航服的宇航员。这些宇航服不但有呼吸过滤器，而且有由于充气而膨胀起来的裤子。

这么高科技的东西竟然也出现在"沙漠壁画"的艺术里，简单的归结为古代撒哈拉居住者的超凡想象力是不能令人信服的。但是究竟是什么种族和人群在什么条件下创制了如此瑰丽神奇的艺术宝藏？他们是怎样将如此丰富的生活内容"想像"出来并用高超的艺术手法刻画到潮湿坚硬的石壁上去的？"沙漠壁画"是一个奇迹，一个还在人们的困惑迷团里存在的奇迹。

上图是牛时期（公元前4000～公元前2000年）的壁画，它主要表现游牧民族的生活。下图是德拉尔特·阿卡库斯石窟内的壁画，主要表现的是人们的劳作场面。

83

这是一幅出现在埃及沙漠中的的壁画，它主要表现的是被征服的人们向国王进献贡品时的情景。

# 荷马史诗中的特洛伊城真实存在吗

特洛伊古城位于土耳其西北部的西拉沙立克山丘下，紧临碧波万顷的达达尼尔海峡，隔海与巴尔干半岛相望，长期以来，人们一直以为它是荷马史诗中虚构的一座城市，并且为此引起过一些争论。19世纪70年代考古学鼻祖海因里希·谢里曼通过他执着而卓越的考古发现，使这座荒丘下的古城终于在世人面前从虚幻走向隐约的真实。

谢里曼从小就被特洛伊战争的故事所吸引，故事里海伦的美、阿喀琉斯和部将帕特洛克纳斯之间的忠诚和友谊都让谢里曼深深感动，但印象最深的还是《伊利亚特》里特洛伊城被焚烧时火光冲天的描述及插图，它唤起了谢里曼强烈的好奇心，给他幼小的心灵留下了深刻的烙印。

84 特洛伊古城的城堡遗址，这种坚固的城堡对防止外敌的入侵起了很大作用。这些古城堡大约建于公元前6～3公元前世纪。

1870年，谢里曼带着年轻的妻子来到濒临爱琴海的土耳其西北部沿海地带，开始了一生中梦寐以求的伟大事业——寻找特洛伊城的工作。谢里曼召集了100多个民工开始了旷日持久的发掘工作。谢里曼没有科学的考古经验和科学的发掘技术，他遇到

特洛伊大木马。相传在特洛伊战争期间，希腊的阿凯亚连续10年攻打特洛伊城都没能攻下。后来，他们制作了一个大木马，肚内藏着士兵，被特洛伊人运入城内，这样才攻破特洛伊城。

年代较晚的建筑物遗址时，不像现代的考古发掘者，给予绘图、照相、记录和测量，而是立即把它毁掉。这样他发掘了一层又一层，每一层都是属于某一历史时期的居民区，一代代的人在这里生活过，一座座城市在这里繁华过。每天他都会有不一样的收获，包括他所要寻找的特洛伊城在内，他发掘出了总共9个城市的遗址，都是不为人知的原始古迹。但问题出现是这9个遗址里哪一个才是他要找的特洛伊城呢？在第9层他发现了自以为是"普里阿蒙宝藏"的遗址，而事实上，后来的考古发现谢里曼早已经挖过了头了，特洛伊战争时的遗址应该在这一层的三层之上。

从考古看来，个特洛伊城前后延续时间较长，城市是在不断发展、扩大的。特洛伊城遗址自下而上的分为9层。第1层大约在公元前3300年到公元前2500年，发掘出一座直径只有90多米

特洛伊古城大剧院遗址，它建于公元前 3～2 世纪，由亚历山大大帝建，它占地 4000 平方米，可以容纳 15000 名观众，直到公元 7 世纪被地震毁坏。

特洛伊古城的发现使人们进一步相信《荷马史诗》中所叙述的并非虚构，同时更进一步引起了人们对希腊考古工作的级大的热情。到 20 世纪中期，越来越多的考古发现证实了古希腊文献中记载的故事或传说，使人们相信，古希腊的确有着辉煌的古代文明。

的石筑小城堡，有城墙和城门，出现了铜器，有磨光黑陶和灰陶。还发现有一个刻着人面的石碑。第 2 层大约在公元前 2500 年到公元前 2200 年，城市开始繁荣，筑有坚固的城堡，城堡较第 1 层有所扩大，直径达 120 多米，有城墙、城门，城内有居住住址和铺砌的道路，谢里曼发现的所谓"普里阿蒙宝藏"就是在这一层出土的，该层有大量的灰烬，估计是于战火硝烟之中北毁掉的。第 3、4、5 层大约发掘于公元前 2200 年到公元前 1800 年，城市范围较大，但其发展规模和水平都不高，建筑不如以往雄壮。

第 6 层发掘于公元前 1800 年到公元前 1275 年，特洛伊城发展到历史上最大的规模，城墙更为坚固，总长达 540 米，至少有 6 座城门。居址平面呈长方形，布局井然有序，城内发现有火葬墓，葬具为骨灰瓮。德普费尔德认为它属于特洛伊战争时期，但是有的科学家不同意这一观点。他们认为这一层与其他层次的建筑风格有很大差异，而且从墓藏的不同葬俗也能看得出来不同，所以他们怀疑它应该另外属于一种文化，可能是又一个新的民族占领了该城。第 7 层发掘于公元前 1275 年到公元前 1100 年，可以分为 A、B 两个阶段，A 属于特洛伊战争时期，是与第 8 层属于同一文化系统的人创造的。布利根认为特洛伊在被希腊军队围困 10 年之后，因中木马计而陷落，即是这一时期。B 属于后期青铜器时代至铁器时代。第 9 层属于希腊化时代文明堆积。

伊也随之落到罗马人的控制之下。

现金的史学界普遍认为历史上确实存在过特洛伊城。这座城市始建于公元前 16 世纪，坐落在土耳其西北部的达达尼尔海峡入口处，地处欧亚大陆交通要冲。公元前 13 世纪至公元前 12 世纪，特洛伊城发展到鼎盛时期，普里阿蒙王国拥有无数的珍宝，令周围的邻邦垂涎欲滴。当时，希腊个城邦逐步发展壮大，图谋向外扩张，富庶的特洛伊城就成为被掠夺的目标。公元前 12 世纪，希腊各城邦组成联军进攻特洛伊，围困

■幅在地下墓穴中发现的浮雕，这些浮雕或表示生活场景，或表示交谈场面.图案异常生动、翔实、美观。一时期。B 属于后期青铜器时代至铁器时代。第九层属于希腊化时代文明堆积。亚历山大大帝率领马其顿军队越过达达尼尔海峡，进入土耳其，占领特洛伊。第十层属于罗马时代文化堆积。公元前 168 年罗马灭掉马其顿，特洛伊也随之落到罗马人的控制之现金的史学界普遍认为历史上确实存在过特洛伊城。

10年放才攻下。荷马史诗描述的就是这次战争的故事。特洛伊城陷落后，遭到洗劫和焚毁，然后随着岁月慢慢地沉淀下去成为地下需要发掘的遗址。

特洛伊城遗址的发现启示我们，文学作品包括神话传说的创造，都可能有其真实的现实存在。但是从历史考古来看，谢里曼对特洛伊城遗址的发掘仍然有比较不能让人信服的地方，比如他通过什么方式确定出各个层次遗址的年代及其特征属性的？关于特洛伊城的几个层次有一些不一样的观点存在，谢里曼被称为考古学鼻祖是因为他从神话的角度为考古学开辟了一个新的领域，而并不因为他准确的展现了特洛伊城。

88

**这**是在古希腊特洛伊城最为常见的两种庙宇内的台柱。左边是陶立克式，右边是爱奥尼亚式，这两种石柱在神庙建筑中常常被交替使用。

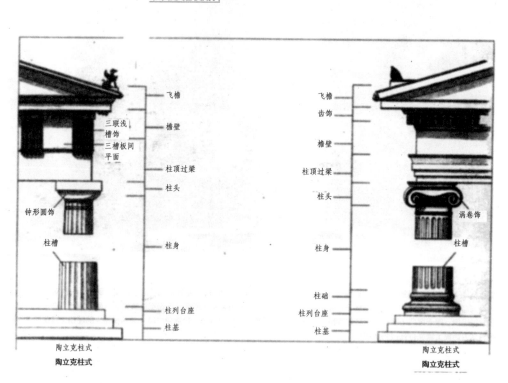

飞檐
三联浅槽饰
三槽板间平面
檐壁
柱顶过梁
柱头
钟形圆饰
柱槽
柱身
柱列台座
柱基
陶立克柱式
**陶立克柱式**

飞檐
齿饰
檐壁
柱顶过梁
柱头
涡卷饰
柱槽
柱身
柱础
柱列台座
柱基
陶立克柱式
**陶立克柱式**

特洛伊城的露天大剧场。它的总面积超过 1.5 万平方米，同时可容纳近 4 万名观众。它是特洛伊繁荣时期的主要公共活动场所之一。

特洛伊城郊外的防御城墙遗址。在特洛伊战争期间，它起到了防御希腊人的作用，城破之后，希腊人彻底毁坏了这座著名的防御墙。现在，只剩下残墙在诉说着过去的历史。

# "斯芬克斯" 究竟何时诞生

埃及人很崇拜狮子，他们认为狮子是力量的化身，因此古埃及的法老把狮身人面像放在他们的墓穴外面作为守护神。著名的狮身人面像位于开罗市西的吉萨区，在哈夫拉金字塔的南面，距胡夫金字塔约350米。斯芬克斯狮身人面像是世界上最大的狮身人面像，石像脸长达5米，头戴奈姆斯皇冠，额头上刻着"库伯拉"圣蛇浮雕，下颌雕有象征帝王威严的长须，在阿拉伯文中，它被称为"恐惧之神"，象征着君主的威严与权力。每天来到广场参观的人很多，关于斯芬克斯石像的出现时期在学术界也有很多种说法，至今不能得到统一，于是斯芬克司的谜依然存在着，不同的只是谜的内容从人换成了石像而已。

斯芬克斯是传说中的恶魔，以关尸人的谜语为难题吞食掉许多人的生命，当俄狄蒲斯准确无误地回答出它的问题之后，他羞愧至极，觉得无颜再活在世上，于是跳崖自杀。当时的国王瑞翁为了让人们记住这个罪恶滔天的恶魔，便在斯芬克斯经常出没的地方，即今天狮身人面像所在之地，造了一座石质雕塑，流传保存至今成为今天的文化珍宝。传说也许只是因为时代久远，远得神秘，于是就有了人们的种种想象和猜测，根据则不能用科学去考证。严谨的考古学界则有确切的研究行动，并一直认为狮身人面像修建于大约公元前2500年，处于古王国时代第4王朝的埃及法老哈夫拉统治时期，下

体现俄狄普斯与斯克芬斯的画。这是一个智慧和勇气战胜邪恶的故事。

世界考古

90

位于吉萨大金塔前的狮身人面巨型雕像。关于它的传说很多。但近代以来，考古界和科学界更关注的是它的艺术价值和雕刻工艺。

令雕刻石像的就是哈夫拉而不是瑞翁，他要求按照自己的脸型雕刻，为让后世纪念自己，也把狮身人面这一奇特而浩大的工程作为礼物送给后世的人们。这可能是因为狮身人面像与哈夫拉的容貌比较相近的缘故，所以有此猜想。但是也有反驳者认为，这完全不能证明石像就是哈夫拉自己建造的，因为他完全可以等到自己统治的时期将石像进行修改，成为自己的脸型样式。

然而科学家们发现，狮身人面像比人们认为的年代可能要更早，甚至早一倍。波士顿大学的地质学家罗伯特·M.肖赫对吉萨遗址进行了第一次从地震方面切入的研究，结果表明，狮身人面像最初雕刻的时间一定比通常人们认为的要久远，因为这座石像裸露在外面，与周围的石灰石床岩受风化和侵蚀的时间要比人们认为的长得多。另外，狮身人面像和其他年代确凿的建筑物侵蚀程度有着显著的差异，这也表明了时代之间存在的距离。

科学家们利用各种先进的仪器和方法对狮身人面像进行了研究，经过声波穿行速度等科技测试，他们惊奇地发现，狮身人面像的"尾部"是哈夫拉统治时期出现的，要比石像前面的部位和两边部位的壕沟年代晚一半以上的时间。也就是说早在哈夫拉修建狮身人面像之前，狮身人面像的头部就已经存在 1000 年了。这一发现使他们大为振奋，并且深信不疑，地质学家于 1919 年 10 月 22 日在圣地亚哥举行的美国地质学年会上提交了他们的研究报告：狮身人面像的实际修建时间是公元前 5000 年到公元前 7000 年之间。

然而考古学家们完全不能接受这样的研究结论，他们

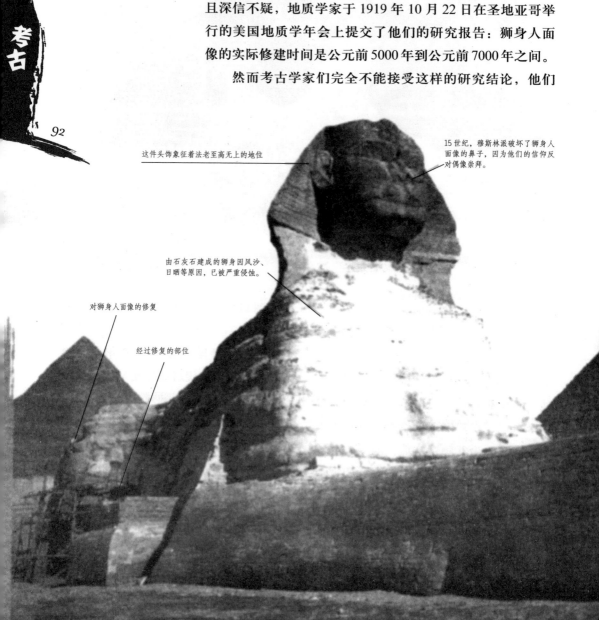

这件头饰象征着法老至高无上的地位

15 世纪，穆斯林派破坏了狮身人面像的鼻子，因为他们的信仰反对偶像崇拜。

由石灰石建成的狮身因风沙、日晒等原因，已被严重侵蚀。

对狮身人面像的修复

经过修复的部位

认这与他们所了解的古埃及的情况完全不相符合。就他们所掌握的考古知识来看，在哈夫拉统治的几千年前，古埃及人根本不可能拥有建造这一巨型建筑物的技术，甚至也完全不可能有这种愿望的产生。狮身人面像的修建技术比已经确定年代的其他建筑物的技术已经要先进很多，如果再将它的建造年代提前那将是不可思议的事情。如果承认地质学家的结论，那么几千年前，修建狮身人面像的不应该是古代埃及人，而只可能是另外的一群高级智慧生物，或者也只能是还不能确定到底存在与否的外星人。

传说中吃人的怪物——斯芬克司。它一直是古埃及的恶梦之一。

宇宙学的研究者根据金字塔建筑群种种与天文现象的巧合神奇之处以及金字塔内遗存的超前于现代的物品，推测金字塔是外星人在不同时期单独或帮助法老建造的。科学家以先进的仪器探测发现狮身人面像之下也有类似金字塔内的秘密通道和密室，于是猜想斯芬克司是否也是出自外星人之手，原本是作为宇航导向的标志而后又被法老发现并占为己用，当然这仍然属于推测。

斯芬克斯像雄伟壮观，它表情肃穆，凝视远方。当年土耳其人攻打埃及时，曾以斯芬克斯的鼻子和胡须做靶子打炮，被打掉的鼻子和胡须现存于伦敦的大英博物馆内。学术界的争论与猜测使斯芬克司到现在为止都还扑朔迷离，它凝视远方的眼睛里一定充满了等待被理解的渴望，但是这个它到底出自谁手，来自哪个久远的年代，都没有准确的答案，期待研究者找到更能让大家都能信服的证据，拨开深藏在狮身人面像后面沉重而神秘的历史云雾，见到一个完整的有着明确历史内涵的狮身人面像。

# 太阳门何以神秘

**太阳门。**太阳门位于秘鲁的蒂亚瓦纳城，它是古印加文化最为杰出和典型的代表，它是用一整块巨石雕刻而成的。

蒂亚瓦纳科文化是 5 世纪到 10 世纪影响秘鲁的一支伟大的文化，以精美的石建筑为特征。

作为该文化最杰出的象征和代表，太阳门用重达 100 吨以上的整块巨型石雕刻而成。造型庄重，比例匀称。高有 3.048 米，宽 3.962 米，由一块完整的巨型石岩凿成，中间凿有一个门洞。门楣中间有一个浅浅的浮雕神像，呈人像的头部放射出许多道光线，双手各持着护仗，在其两旁平列着三排48个较小的，生动逼真的形象，其中上下两排是面对神像的带有翅膀的勇士，中间一排是人格化的飞禽，浮雕展现了一个深奥复杂的神话世界。据说每年的9月21日，黎明的第一道曙光总是准确无误的射入太阳门中，"太阳门"也正是因此而得名。

太阳门的出现引起了很大的轰动，在印加人创造蒂亚瓦纳科文化的年代，运输工具是很落后的，甚至都还没有带轮子的驮董工具。而且蒂亚瓦纳科文化遗址在峰云相交，峭拔陡立在安第斯高原上。太阳门的雄伟和它所处的这整个的背景环境有着太大的差距，堪称奇迹。16世纪中叶，西班牙殖民主义者见到这座庄严的古建筑时，认为是印加人或艾马拉人建造的。但是艾马拉人不同意此说，认为太阳门很古老，是太阳神自己建造了太阳门和蒂亚瓦纳科的建筑群。欧美大百科全书记载了两种传说：一个是太阳门是由一双看不见的神秘之手在一夜之间建造起来的；另一种说那些雕像原来是当地的居民，后来被一个外来朝圣者变成了石头。奥地利考古学家阿瑟·波斯南斯基在20世纪上半期提出一个设想，认为该文化可以追溯到13000年前，从"太阳门"秋分时节射入第一道太阳光这点来看，可以认为，"太阳门"上刻的是历法知识，太阳门是石头就历。后来火山爆发或自然灾害毁灭了这座古老的城市和文明。如果这些图案与符号是表达

历法的，那么古印加人又是如何测算出秋分时节太阳与"太阳门"位置关系的？

为弄清楚蒂亚瓦纳科文化的真实原貌，美国考古学家温特尔·贝内特刑层积发掘法证明该文化最早年代为公元300-700年，太阳门约在公元1000年前正式建成。这里原是宗教圣地，朝圣的人群跋涉山水而来，举行朝拜仪式，并建造了这些宏伟的建筑物。苏联历史学家叶菲莫夫、托卡列夫也赞同这一观点。但是反对者也有着充分的理由：建造"太阳门"的安山岩产于的的喀喀湖上一个名叫珂帕卡班纳的半岛上；它是怎样搬运到蒂瓦纳科来的？玻利维亚的科学家们做过实验，用木筏在水上只能运输较小的石块。如从陆上运输，6名士兵才能拖动一块半吨重的石头。在当时生产力极其低下的时候，如果要把

古印加石城遗址。像太阳门一样，印加人的多数建筑都采用整块巨石雕刻，这是奥兰太殖特的台形门。

印加库斯科城遗址。库斯科古城曾是印加人的政治、经济、文化和交通中心。在印加文化衰落后，随西方殖民者的入侵，印加古城也就完全衰落，只留下废墟一片。

印加文明是古代南美洲地区最为主要的人类文明之一，"印加"一词在印第安语中是"太阳之子"的意思，以太阳崇拜为中心的印加文化是古代印加文明的典型代表。

吨的巨石从 5 千米外的采石场搬运到指定地点，至少需要每吨配备 65 人和数英里长的羊驼皮绳，而以当时的条件不可能达到。另外要把这么庞大沉重的石门立起来，必须要用大型的起重机。而当时的印加人连军辆都没有发明，他们是怎样把这巨大的石门立起来的？

著名的考古学家卡洛斯·旁塞·桑西内斯和伊瓦拉·格拉索用放射性碳鉴定，蒂亚瓦纳科始建于公元前 300 年，公元 8 世纪以前竣工。一般都认为太阳门是宗教建筑，不过前者认为蒂亚瓦纳科是当时举行宗教意识的中心场所，太阳门是一个重要庭院的大门，门楣上的图案反映了宗教仪式的场面。伊瓦拉·格拉索认为，太阳门很可能是阿加巴那金字塔塔顶上庙堂的一部分。美国的历史学家艾·巴·托马斯也认为遗址不是宗教活动的场所，而是一个大的商业和文化中心。阶梯通向之处是中央市场，太阳门上的浅人形浮雕，其辐射状的线条表示雨水，两旁的小型刻像朝着雨神走去，以象征承认雨神的权威。

太阳门是建筑史上的一个奇迹，它超越了它的时代，它是南美大陆最负盛名的古代文明奇迹，凡是看到过"太阳门"的人，无不为它的宏伟壮观惊叹不已，惊叹的同时它也吸引了很多专家学者的关注。虽然经过到现在为止的这么长时间的研究，太阳门的神奇仍然还没有昭告它的形成原委，但是相信太阳门的光芒定可以照亮寻求它骄傲历史的眼睛。

希腊克里特岛米诺斯古城遗址中的石板大道，它是当时城中的主要道路之一，这条大道已基本具备现代公路的雏形。

古希腊神话中记载了一个脍炙人口的故事：在很久很久以前，海送给克里特岛上的米诺斯国王一头美而壮的公牛，希望米诺斯把牛杀死献祭给他。米诺斯一时不忍，把牛留下了。海神大怒，就用计使米诺斯的妻子与这头公牛发生恋情，并生下了米诺陶———一个半人半牛的食人怪物。家丑不可外扬，米诺斯便命令盖了一座双斧迷宫，把怪物囚在此中。米诺斯为报雅典王爱琴斯害死他儿子之仇，就命令雅典人每隔9年祭14名少年供米诺陶食用。最后爱琴斯之子用魔剑杀死了怪物米诺陶。神话已经走远，但是传说中的米诺斯王国和神秘迷宫是否在历史上确有其事，这个不解之谜却一直吸引着世人。

1900年3月，在克里特岛的克诺索斯，著名的英国学者阿尔图·伊文思率领一批考古学者开始发掘工作，发掘进展非常顺利，不久就发现了一个规模很宏大的宫殿遗址。这座宫殿依山而筑，距离中央的克里特岛北岸有4千米，占地面积总计16000平方米，高低错落有致，中央是一长方形的庭院，周围环以国王宝殿＼王后寝宫＼以及有宗教意义的双斧宫等房舍建筑，其间有长廊＼门厅＼复道＼阶梯等错杂相连，千门百户，曲折通达。宫里有水管和浴室

设备，墙壁上有琳琅满目的浮雕和绘画，陈列着精美的陶器、织物和金银象牙制成奢侈品。宫外西北角的场地可能是表演斗牛戏的剧场。这样一副希腊神话中的南海迷宫的场景就形象地展现在人们的眼前。

如此丰富的发掘结果引起了很大的轰动，但是令考古学家迷惑不解的是这座宫殿为什么屡毁屡建。

究其原因，说法各异，有史学家认为，废墟中无火烧痕迹，推测城市可能毁于地震。1907年，美国考古学家在克里特以北的桑托林岛 60 米厚的火山灰下，挖出一座古代

米诺斯王宫中的瞭望台遗址，这个瞭望台是供国王及大臣们用的。

Unsolved Mysteries
of World Archaeology

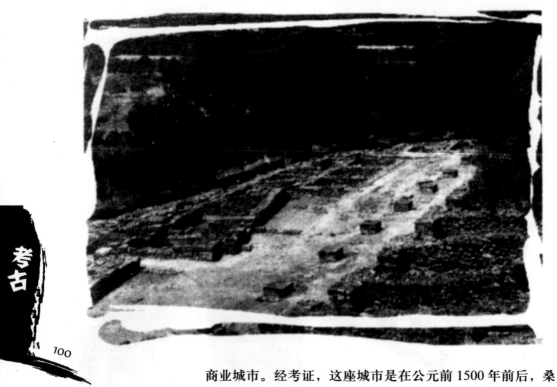

米诺斯城市场遗址。这个市场可能是当时米诺斯王国都城最大的露天市场。

商业城市。经考证，这座城市是在公元前 1500 年前后，桑托林火山大爆发时被火山灰所埋葬。

那是人类历史上最猛烈的一次火山大爆发，喷出的火山灰渣占地面积多达 62.5 平方千米。火山爆发引起巨大海啸，浪头高达 50 米，滔天巨浪，滚滚南下，摧毁了克里特岛上的城市、村庄，米诺斯王国也随之化为乌有。随着时间的流逝，米诺斯王国逐渐被人遗忘了，只在传说中被提及。另一些研究者则认为王宫在毁坏前遭到浩劫，因此否定地震说。约在公元前 1400 年左右，克诺索斯的最后一个王宫被毁掉，此后没有再复建，史学家对这种说法也有异议。有人认为，可能是克里特岛人发动了反希腊人统治的起义。有些学者则认为，这可能是希腊半岛上的迈锡尼人发动入侵的结果。此时，在克诺索斯王宫里发现了新的线形文字文件，这种文字史学家称为线形文字 B，而此前克里特人创造的线形文字称为"线形文字 A"。在 1952 年，英国学者米开尔·文特里斯等人经过丁番勤奋钻研，初步释读了"线形文字 B"，而自 1939 年以来，在希腊本土的派罗斯、迈锡尼泰伦斯都先后发现了许多刻有"线形文字 B"的泥板，证明"线形文字 B"是一种希腊本土的语言文字，这就迈锡尼人入侵克里特岛的推论，提供了一个有为的佐证．令人遗憾的是"线形文字A"至今尚未释读成功，这就为历史学家留下了一个疑团，即创建克里特岛"米诺斯"迷宫的是何种族，他们来自何方？

为揭开谜底，史学家们各抒己见，归纳起来约有5种说法：①克里特岛人就是腓尼基人或阿拉伯人；②他们来自非洲；③应该把克里特岛人归于"印欧种族"；④克里特岛人即希腊人；⑤克里特岛人接近于卡里亚和柏拉斯革人，因此也就接近巴斯克人、意卑里亚人、利古里亚人、依特晃斯坎人以及其他民族，包括高加索民在内，对于各个种族以及他们的渊源情况，也许需要更多的资料和史实去考证，而最关键的是关于"线形文字A"的破译。伊文思和其他的一些研究者花了将近十年的时间去破译线形文字A，以及它和线形文字B的关系，甚至使用了高级的电脑解码程序，都没有取得成功，留下的古籍和文字是客观的，也许只有它们才能说清楚到底曾经有什么样的人们来到克里特岛，并建造了世界四大迷宫之一的"米诺斯"迷宫。

"米诺斯"迷宫作为世界文化的一个丰富奇迹，起神话的传奇色彩已经被事实证明了，即使是牛怪食人的传说也被证实是古克里特岛人确实有食人肉的习惯，并且它的消失之谜也不再不可解，然而作为宏大的建筑，它从任何角度切入都总有着它的神秘性，"米诺斯"迷宫从何处来，是什么样的种族建造了如此瑰奇神秘的宫殿？历史的问题总是踪迹难觅，但是历史毕竟有痕迹，"线形文字A"的破译会像械形文字等很多种文字一样最终浮出水面，那时候"米诺斯"迷宫也一定可以展现更清楚的容颜。

米诺斯王宫地宫一角。这座地宫装饰精美华丽，墙壁上雕有各种图案的装饰画。

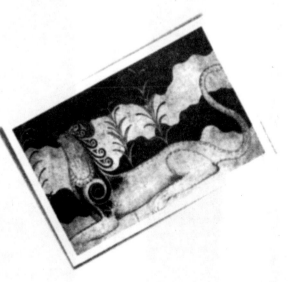

米诺斯王宫中的神兽雕饰，在古希腊，这种雕饰被广泛地的使用在墙壁装饰中。

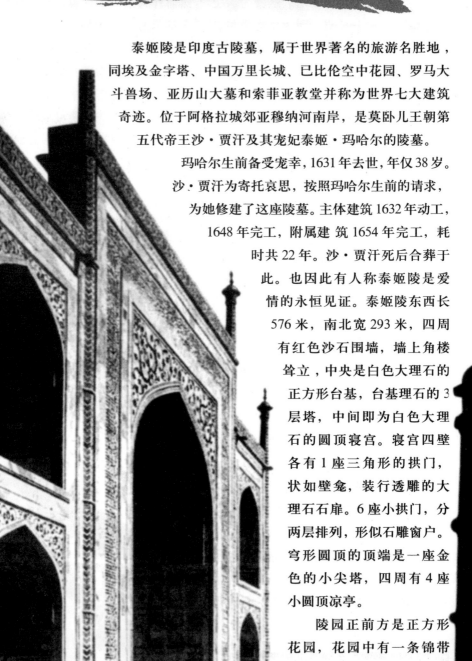

# 泰姬陵新说是否有根据

泰姬陵是印度古陵墓，属于世界著名的旅游名胜地，同埃及金字塔、中国万里长城、巴比伦空中花园、罗马大斗兽场、亚历山大墓和索菲亚教堂并称为世界七大建筑奇迹。位于阿格拉城郊亚穆纳河南岸，是莫卧儿王朝第五代帝王沙·贾汗及其宠妃泰姬·玛哈尔的陵墓。

玛哈尔生前备受宠幸，1631年去世，年仅38岁。沙·贾汗为寄托哀思，按照玛哈尔生前的请求，为她修建了这座陵墓。主体建筑1632年动工，1648年完工，附属建筑1654年完工，耗时共22年。沙·贾汗死后合葬于此。也因此有人称泰姬陵是爱情的永恒见证。泰姬陵东西长576米，南北宽293米，四周有红色沙石围墙，墙上角楼耸立，中央是白色大理石的正方形台基，台基理石的3层塔，中间即为白色大理石的圆顶寝宫。寝宫四壁各有1座三角形的拱门，状如壁龛，装行透雕的大理石石扉。6座小拱门，分两层排列，形似石雕窗户。穹形圆顶的顶端是一座金色的小尖塔，四周有4座小圆顶凉亭。

陵园正前方是正方形花园，花园中有一条锦带似的水池。东西两侧各有

一座红色砂石建筑，即清真寺和聚会堂。整个建筑群对称工整，结构严谨，外观宏伟，庄严肃穆。寝宫内的门窗都用白色大理石楼雕成棱形花边小格，墙上用翡翠、水晶、玛瑙、宝石等镶嵌着色彩艳丽的藤蔓花朵，枝干用黄金做成，极为精美，寝宫内部是八角形，分5间宫室，中央宫室放着玛哈尔和沙·贾汗的白色大理石石棺模型，两人的遗体则埋葬在寝宫底层一个八角形小墓穴中，有曲径可通。

陵园的构思和布局是一个完美无比的整体，它充分体现了伊斯兰建筑艺术的庄严肃穆、气势宏伟，富于哲理。但是关于泰姬陵陵园的设计者和艺术风格，却还在考察探讨当中。历史的问题总会在今天引发很多纷争，总体上有三种说法：一是"波斯伊斯兰"说，数年来，《大英百科全书》的著者一直认为，泰姬陵的建造者是沙·贾汗皇帝，主要设计者是波斯人；第二种说法是"欧亚文化结合说"，正反两派的代表分别是英国牛津学派的印度史学家smith和印度穆斯林史学家莫因·乌德·丁·艾哈迈德。后者曾于1904年著书《泰姬的历史》否认这座典型的伊斯兰艺术的建筑物会出自西欧的大师们的构思；第三种说法是"主体艺术印度说"，支持这种观点的就有已故的印度著名史学家马宗达先生。这种说法比较折中一些，马先生从泰姬陵建筑的主要特点及其平面图的承继风格、建筑材料（纯白大理石）和其上的工艺水平等很多地方对印度古代建筑风格的继承、以及当时莫卧尔时代对西方开放等多方面情况来考虑，认为泰姬陵的建筑艺术主体风格是印度艺术。然而，这些观点代表者一直都还在为自己的理解论争着。

1986年，一个名叫戈德博尔的著者写出了一本小册子《泰姬·玛哈尔？》。这本小册子引起了很大的轰动，它的论述完全颠覆了几千年来人们对泰姬陵的印象，泰姬陵美丽沉重的神圣意义被消解掉。这本书以对话的形式对泰姬陵是否确实由沙·贾汗建造提出了很多种异

议，并作出了新的解释。异议之一是，一些史书记载的建造的"动用 2 万劳力，历时 22 年"的说法，源于法国珠宝商塔尼维埃的述说，他曾于 17 世纪对印度作过 5 次访问，回到自己国家后，写出了三卷本的《印度之行》，但他本人并没有看到泰姬陵从破土动工到大功告成的任何一步。更何况他既不会讲波斯语和印地语，随便道听途说成文的作品难以令人置信；异议二，与塔尼维埃同时代的一些欧洲旅行家，在他们的游记和报告中，都不曾提及此陵；异议之三：是考虑到亚穆河河水的涨落，早在建陵前就已经有人修筑河堤、城墙，他们绝

对不是沙·贾汉建造。根据波斯文编年史《帝王本纪》的记载和穆斯林史学家塞·穆·拉蒂夫撰写的《历史上和记述中的亚格拉》一书的说法："选择陵墓的遗址，原是曼·辛格王公的一座圣殿，但现金已归属其孙子贾因·辛格的财产了"等等，戈德博尔的结论或者说是暗示即：沙·贾汉从来没有建造什么泰姬陵，他只是在印度教王公的圣殿的地基上，拆除和搬迁了不符合他需要的东西，进行了一场改造而已。

考古

泰姬陵前的石雕艺术品。

泰姬陵正面图。泰姬陵是古代印度建筑中的杰作，这是一座几乎完全由白色大理石建成的，它的建筑以对称布局作为主要特点。

戈德博尔这样大胆的颠覆是需要勇气和智慧的，为否定泰姬陵的转折？这一说法是否有它科学的根据？都还需要继续去了解。泰姬陵作为世界旅游景点中被誉为"为爱而生"的经典，突然遭遇意义消解，可能很多人都不能接受。他们更需要尽快地把关于泰姬陵新说的真伪判断出来。

# 马耳他地窖是庙宇还是坟墓

在马耳他岛繁荣兴旺的佩奥拉镇，一家貌不惊人的小食品店的下面却埋藏着地中海地区一座令人赞叹不已的遗迹——马耳他地窖。马耳他地窖自从发现以来已经吸引了众多的观赏者，但是你可知道这座地窖最初是如何被发现的？

马耳他地窖是建筑工人开凿岩石修建蓄水库时偶尔发现的，起初工人是利用马耳他地窖来堆放碎石废泥的，并且还堆放了垃圾。但是有一个工人认为这个洞穴不同寻常，它好像不是自然形成的，它更像是人工加工的石室。于是，这位工人就将这个发现向当地的考古学家报告，而考古学家的调查，不仅证实了这位工人的发现是具有重大意义的，而且还发现了更多的令人不解的现象。

马耳他地窖里面石室众多，好比一座地下迷宫，最深处距离地面10米，石室一间一间的连通，上下有了三层。游人游览的时莫不对地窖的独特的构造啧啧称奇。马耳他地窖的开凿工程十分的浩大，它的建筑特色，包括石柱和屋顶，与马耳他岛的许多的古墓庙宇如出一辙。但是马耳他地窖是庙宇还是坟墓，这个问题现在还没弄明白，是困惑着众多的考古学家的一个难题。

马耳他岛的庙宇是建筑在

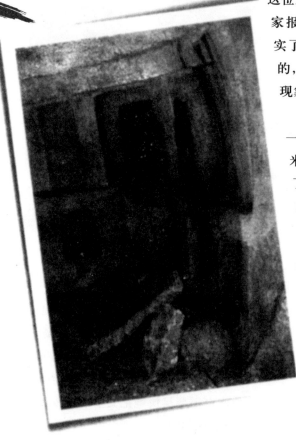

马耳他哈尔·萨夫列尼的地下陵墓的墓室。这个墓室全部用条形石块砌成。

106

哈·萨夫列尼的地下陵墓的门。这个门是进入地下墓室的唯一通道。

龛，仅容一人的石窟。一个人坐进去像平时一样的说话，声音就可以传遍整个石室，并且没有任何的失真。女人因为说话声音较高，所以不能产生同样的效果。这座石室就在靠近顶处的地方，沿着四周的墙壁开凿了一道脊壁，女人的声音就可以沿着这道脊壁向四处传播了。

地面上的，而这座在右灰岩中凿出的地窖的结构迥异于通常的庙宇，是完全在地底的，而且考古学家在地窖范围内越向下挖掘，越发觉这不是一座庙宇，尤其当发现地窖内竟然有70具骸骨的时候，试想，哪一座的庙宇里面竟然有如此多的尸骨呀？地窖既然不是庙宇，那么它到底是什么作用？它又是什么年代筑成的？

地窖的建筑年代较容易解答。因为马耳他岛上与这个地窖建筑风格相似的庙宇多建于公元前2400年左右，当时岛上石器时代的居民以牛角或者鹿角所制成的凿子或者楔子，用石锤敲进岩石以进行开凿，建筑成了不少宏伟的庙宇。而当时居民所用的建造工具也在考古挖掘时被挖掘了出来。在马耳他地窖里面，有一个名为"神谕室"的石室，石室里有一堵墙壁削去了一块，后面是状似壁

因为这个石室的发现，考古学家推测这座地窖可能是在宗教方面有特殊用途的建筑，而这个石室说不定就是祭司的传谕所。而且祭司祭祀的大概是女神，因为考古学家在地窖里发现了两尊女人的卧像，她们都是侧身躺卧的。另外还有几尊特别的肥大应该是以孕妇作为了蓝本的侧卧像。这些证据显示地窖可能是崇拜地母的地方。然而，不管崇拜什么神，这座地窖的阴森恐怖的环境一定会使前来敬神求谕的人肃然敬畏的，每次走进都是诚惶诚恐。这座巨大的建筑深埋地下，里面是阴暗不见天日，置身这样宽大的石室中，诡秘幽玄的气氛无不在，充溢着石室的每一个空间，求神者对此敬畏不已的。

Unsolved Mysteries of World Archaeology

这样看的话，地窖或许就是一座庙宇的。但是，就是在这座地窖里，它还有一个宽度不足 20 米的小室，小室里竟然有 70 个人的骸骨，这应该怎么来解释呢？很明显，这已经不是庙宇的用途所能提供答案的现象了。这 70 多具骸骨，并不是一具具完整的骷髅，因为那么小的地方是根本不可能容纳那么多的骸骨的。骸骨在室内是散落的，说明是以一种移葬的方式集中到室内的。这种埋葬方式，原始民族中是很普遍的。所谓移葬就是土葬若干年后，尸体腐烂成为了骷髅，然后捡拾遗骨重新埋葬。这样说来，地窖就应该是善男信女的永久的安息之所了？如此说来，这座地窖既是供人礼拜的庙宇又是供死者安息的坟墓？难道马耳他岛上的居民的早期的宗教信仰里包含了崇拜死者吗？

没有人知道马耳他岛的居民是从什么时候开始如此的安放骨殖的？也没有人知道为什么要如此的安放骨殖？同样的，没有人知道为什么这座庙宇会变为了坟墓？或者它本身就是一座坟墓？亦或这座建筑物的初期就已经具有了庙宇与坟墓的双重功能？许多屹立在地上的庙宇是模仿早期的石墓建造的，说不定这座地窖就是把这种建筑方式倒转了过来，是一座模仿地上庙宇而兴建的地下坟墓。但是这样的疑问，这样的问题已经没有答案了，远古的资料的缺乏使得这样问题的深入研究是不可能进行的。马耳他岛的这种举世无双的地下建筑到底是什么用途？为什么如此建造？大概就只能永远是不解之谜了。

# 摩亨佐·达罗的消失与核战争有关吗

巴基斯坦信德省的拉尔卡纳县南部，印度河的右岸，有一座半圆形的佛塔废墟。这里白天狂风怒吼。沙尘飞扬；夜晚寒风习习，尽收眼底的只有一望无际的信德沙漠。多少年来，这里一片荒芜，满目凄凉，被当地人称为"死亡之丘"，但许多学者更喜欢称它为"核死丘"。1922 年，印度勘察队员偶然在这里的佛塔废墟内，找到了几块刻着动物图形和令人费解的文字的石制印章。此后 60 多年的考古，在这里发掘出了一个建于 4500 年前的古城遗址，并以此向世人证明了印度河文明与两河流域的苏美尔文明一样古老而灿烂。

这就是举世闻名的摩亨佐·达罗，标志"印度河文明"的古城，1980 年被列入《世界遗产目录》。

这座规模宏大的城市建于印度河流域，全部由毛坯砖建成，包括一座卫星城，周围建有壁垒，是青铜时代的古城遗址。城址占地约 8 平方千米，按城市规模推算，当时的人口在 4 万人左右。城镇街道大部分是东西向和南北向的直路，成平行排列，或直角相交。主要街道宽达 10 米，下面有排水道，用拱形砖砌成，形成一个独特的排水系统。数千间房屋好像棋子般布满全城。每个住宅都有 6 至 10 间房，并有院子，最突出的是一幢包括许多间大厅和一个储存库的建筑物。它可能就是当时摩亨佐·达罗城的国王或首领居住的地方。住宅大都有水井和整洁的浴室，而且有一条修得很好的排水沟，把废水引入公共排水渠中。大小住宅多半都在外墙里面装有专用的垃圾滑运道。居民可以把废物倒进滑运道，滑到屋外街边小沟。小沟又连接下水道系统。如此复杂的污物和污水处理系统，不仅在上古时代是无与伦比的，就是当今世界上的许多城镇也望尘莫及。

古城大体可分为上城和下城两部分。上城首先看到的是高达 15 米多的圆形古堡。从古堡往下走，是著名的大浴池和粮仓，大浴池由红砖和灰浆砌成，四周还有精巧的上下水道。研究印度河文明的专家认为这座大浴池很可能是为宗教仪式服务的。现在，印度河一些地区仍保留着将沐浴用于宗教仪式的传统。下城离上城约 1000 米，当人们置身于两人多高的街墙之间时，迎面会有凉风习习吹来，使人们对古代建筑师巧妙地利用季风进行自然通风的技巧惊叹不已。

古城的挖掘出土了数百件奇异的人形陶俑，描绘了当时的"圣母"祭祀仪式，体现了古摩亨佐·达罗人的艺术创作特点，表现了他们对"神力"的敬畏和虔诚。

出土文物中有一尊似是教王一类首领人物的塑像，头系发带，面蓄胡须，左肩上斜搭一件饰有三瓣花图案的大氅，双目微睁，显出沉思的模样。另一件精巧的文物珍品是一个舞女的塑像，全身赤裸，叉腰翘首，栩栩如生，一副高傲尊严的神态。此外还出土了大量石制印章、陶器、青铜器皿等文物。印章上刻有牛、鱼和树木的图形文字，很像古埃及的象形文字和苏美尔人的楔形文字。不过，遗憾的是，这些"天书"至今还没有被人们识读。

城市是文明发展水平的一个重要标志，有学者认为类似摩亨佐·达罗这样先进发达的城市规划只有到1000多年后的古罗马时代才达到同等的水平！在这同一时代，世界上绝大部分的人们还居住在山洞中，或是住在用树枝树叶、泥土搭起、垒起的简陋棚屋里，最多也不过是1000人以下的村落。

可是，在3500年前的一天，这座城市神秘地消失了，葬身于黄沙之下。而且种种迹象表明，这里的居民在一个短暂的时间内突然无影无踪的消失，并遗弃了这座城市。为什么会发生这样的事情？摩亨佐·达罗人在离开这个城市

从摩亨佐·达罗古城遗址中发掘出的人物造型的青铜器。从他高傲的眼神和动作来看，这可能是当时一位权贵人物。

后，去了哪里？为什么在别的地方没有再现这个城市的文明？这些谜一直困扰着考古学家们，争论纷纷。有意思的是印度语中，摩亨佐·达罗的意思是"死亡之丘"。为什么叫这样一个名字呢？难道一开始就蕴涵着某种不解的神秘？

摩亨佐·达罗古城遗址。从这一片废城中似乎可以看出它曾经遭受过人为的破坏，所以有的学者怀疑它遭受过核打击。

史学家认为，昔日摩亨佐·达罗郊外，也是郁郁葱葱，有着和尼罗河一样宽阔古老的印度河，不仅灌溉着千里沃野，也孕育着人类的文明。只是到了后来，由于过度的放牧和种植，破坏了生态平衡，使得植被稀疏，表土裸露，在强烈的阳光照射下，水分迅速蒸发，然后随风吹蚀，最

终沦为一片沙洲。可是，这样的解释却无法说明摩亨佐·达罗人为什么也消失了呢？

也有人提出，是一次大地震毁灭了城市，可是，这里丝毫没有地震遗留下来的痕迹；有人认为，是一场瘟疫使居民们远走他乡，可是，为什么他们没有在其他地方创造同样的文明呢？还有人认为，是别的部落占领并且洗劫了城市。可是，谁又相信。最为文明的国度会被原始野蛮的部落征服呢？最后，英国科学家杰文波尔力排众议，提出了摩亨佐·达罗城遭受了原子弹袭击。研究者们在城中发现了许多爆炸的痕迹，并且找到了爆炸中心。在爆炸中心 1 平方千米半径内所有建筑物都成了齑粉，距离中心愈远建筑受毁坏程度越小。在距中心的较远处，发现了许多人骨架。从骨架摆放的姿势看，死亡的灾难是突然降临的，人们对此毫无察觉。而且这些骨骼中都奇怪地含有足以与广岛、长崎核袭击死难者相比的辐射线含量。不仅如此，研究者们还惊奇地发现：这座古城焚烧后的瓦砾场，看上去像极了原子弹爆炸后的广岛和长崎，地面上还残留着遭受冲击波和核辐射的痕迹。对遗址中的大量粘土和矿物碎片进行分析的表明，它们被烧熔时的温度高达1400 ~ 1500度，而这种高温，当时的锻造条件是无论如何也达不到的。

联系到古印度史诗《摩诃婆罗多》对 5000 年前史实的生动描述，后人也可对"核死丘"的遭遇领悟一二："空中响起轰鸣，接着是一道闪电。南边天空一股火柱冲天而起，比太阳耀眼的火光把天割成两半，房屋、街道及一切生物，都被这突如其来的天火烧毁了……"、"可怕的灼热使动物倒毙，河水沸腾，鱼类等统统烫死。死亡者烧得如焚焦的树干，毛发和指甲脱落了；盘旋的鸟儿在空中被灼死，食物受染中毒……"。难怪美国"原子弹之父"奥本海默认为这部印度古代叙事诗中记载的分明是史前人类遭受核袭击的情形。

可是，当年繁华的城市，由于岁月的消磨，洪水的冲刷和盐碱的腐蚀，现在仅剩下一片片砖瓦残迹。但摩亨佐·达罗遗址也因以其惊人的古代文明、神奇的难解之谜，吸引着无数的学者和游客的到来。

# 谁在何时建造了亚历山大灯塔

今日埃及最大海港城市亚历山大，早先是马其顿帝国的亚历山大大帝在埃及尼罗河口西面建立的一个古城。

公元前236年，古希腊最为显赫的风云人物亚历山大在20岁时继承王位，成为马其顿国王。后来他率领希腊联军，在埃及尼罗河口一个地理位置优越的无名渔村，建起了这个希腊化的城市，并用自己的名字命名为"亚历山大城"，命大将托勒密驻守于此。亚历山大大帝死后，埃及托勒密王朝开始兴起，亚历山大便成为托勒密王朝的首都并因此繁荣起来，加上亚历山大位于亚洲，非洲及欧洲三个洲的接合位置，亦能通往尼罗河及地中海的港口，可以想象当时亚历山大的繁荣景象，通商有多么发达，而且被称为"世界七大奇迹"之一的亚历山大灯塔更是照耀着港口，日夜注视着过往的人群，成为朝代更迭的观望者。

刻有亚历山大大帝头像的金币。

114

亚历山大古城部分遗址。

▲亚历山大古城神殿遗址。

据史料记载，亚历山大灯塔建于公元前 285 年到公元前 247 年间，位于法罗斯岛，督造人为托勒密大将，也就是后来的托勒密王朝的国王，设计师是希腊人。建造此灯塔，一是为了方便当时人们的航海需要，另一方面也彰显亚历山大大帝的赫赫战功。自从亚历山大海角尖端的法罗岛有了它以后，塔顶的柴薪燃烧不息，地中海航船有了导航方向，夜航海难事件大大减少。它一直工作了

15 个世纪，即使亚历山大城多次地震，大部分房舍坍塌，灯塔依然屹立不倒。

灯塔总高 134 米，比现代最高的日本横滨港灯塔还高 28 米。据说，由凹面金属镜反射出来的耀眼的火炬火光，使得夜晚航行的船只在距离它 56 千米的地点就能够找到开往亚历山大港的航向。灯塔塔身是由上、中、下三个部分组成的，全部以纯白色大理石砌成，缝隙用熔化了的铅液浇铸，坚如磐石。下层塔身底

埃及亚历山大城遗址图中那个圆柱形的可能就是后来人复制的亚历山大灯塔。

部呈方形，塔身随着上升逐渐收缩，高约 71 米，底部每一边长为高度的一半，上面四个角各安置一尊海神波赛敦的儿子口吹海螺号角的铸像，以此来表示风向方位。中层呈八角形，高约 34 米，相当于下层高度的一半。上层呈圆柱形，高约 9 米，上层塔身之上是一圆形塔顶，其中一个巨大的火炬不分昼夜地冒着火焰。塔顶之上铸着一尊高约 7 米的海神波赛敦青铜立像。塔身外围筑环形驰道盘旋到炉室，供马车拉运燃料。这灯塔实际上也是一座摩天大楼，内设 300 间厅室，供管理人员和卫兵居住。

然而传说只是传说，没有见到实物，终归是一个谜。谁敢相信 2000 多年前能够造出那样庞大的灯塔？一段时间以来，一直没有灯塔的任何实质性东西出现，以证明那个遥远的时代，的确存在这样一座雄伟的灯塔，以至于人们不能不怀疑，2000多年前的亚历山大人果真能建造如此雄伟的巨塔吗？甚至有人认为，历史典籍中所描绘的高耸入云的亚历山大灯塔也许只是个美丽而带点泡沫的传说。

后来经过考古学家们的考证，公元前235年的地中海大地震以及随之发生的海啸，将亚历山大城的无数建筑转眼间夷为平地，并使5万居民丧生，但法罗斯灯塔却奇迹般地保留了下来。不料在1301、1302年先后两次的强烈地震将灯塔的部分震塌。随后1375年又一次更加猛烈的地震，终于将残存的塔基倾覆于地中海海底。千百年傲视地中海狂风巨浪，为古代航海事业做出非凡贡献的法罗斯灯塔从此销声匿迹。此后的一个多世纪中，亚历山大城战火纷飞，灯塔的光芒在弥漫的硝烟中逐渐被人遗忘。特别是1472年，统治埃及的马穆鲁克王朝为了抵御外来入侵，干脆在灯塔的原址修造了一座军事要塞，命名为马穆鲁克要塞。1994年，在灯塔旧址附

亚历山大古城神殿遗址。

近修筑防波堤时，意外地发现古代石料船之类的东西，于是令世人瞩目的海底考古开始了。考察队在法罗斯灯塔旧址周围发现了公元3世纪地震时没入海底的大量古代文物，其中有托勒密王朝末代女王克里奥巴特拉的王宫，她的情夫、罗马统帅安东尼的宫殿，许多小型的人面狮身石像，有头部重达5吨的托勒密王朝二世时期的，其身体和雕像的底座也在附近被发现，底座长达3.5米，侧面刻有托勒密王朝二世的称号。另外在海底还发现一组巨型雕像，总

在亚历山大城发现的刻有表现亚历山大大帝功绩的石雕艺术品。这也从一个侧面证实了亚历山大大帝的确修建过大灯塔。

数达 2000 具以上。它们体积巨大，高度多在 13 米以上，重达数十吨。经过长时间水下搜索，考察队终于找到了法罗斯灯塔塔身。经测量，灯塔边长大约 36 米。任灯塔的每个侧面，都有大量的精美巨型雕像作为装饰。可以想象，昔日的灯塔是何等地壮观！

令人困惑的是，打捞中还发现了古埃及的方尖塔。它是太阳神的象征，也是法老时代的遗物。该方尖塔的头部是花岗岩制成，高 1.44 米，尖端为金字塔状，在塔的下面用象形文字刻有赛帝一世的名号和它统治的第 19 王朝守护神的形象。据推测，此文物应有 3000 多年的历史，见证了千年的沧桑。此外，刻有大量的象形文字和法老时代的符号的文物也重见人世。

遮遮羞羞的亚历山大灯塔终于得以再现人间，人们对灯塔长期以来存在的疑虑被彻底打消了，但灯塔周围为什么发现大批雕像和石材，甚至公元前 3000 年前古埃及时代的遗物，这不能不留给人们太多的猜测。而且灯塔本身到底是在什么时候建造的呢，也无从探索。

有人认为，灯塔本身是出自于 3000 多年前法老时代的古埃及人之手。

更多人认为，灯塔是托勒密王朝所建，这些古埃及时代的雕像和石材只是亚历山大大帝征服埃及后从古埃及神庙征调来的。也许这是一种合理的解释，毕竟当时战事纷纷，亚历山大率军远征，所到之处无所不能，这些东西作为战利品被运回也是可能的。

今天的亚历山大拥有 250 万人口，每年的夏天有 100 多万人来此避暑。港口年吞吐货物量 2760 万吨；在港口的海角的确有一座灯塔，但与古灯塔相比却大为逊色。滨海大道延伸 26 千米，一边是豪华旅馆，一边是海滩浴场，使人无限向往。1892 年由避暑行宫改建的希腊——罗马博物馆，收藏着零散的文物，展示亚历山大饱经沧桑的历史，但亚历山大灯塔究竟是在什么时候，由什么人建造的，至今迟迟不见定论。

# 第5章 古人智慧悬案——
# 传说背后的真实故事

## 纳斯卡地画是外星人的跑道吗

纳斯卡沙漠位于秘鲁的安第斯山一带，它是地球上最为干旱的地区之一。整个地区像是被蒸馏过一样，往往好几年滴水不降，是一个人迹罕至的荒凉地带。19世纪初期，一位飞行员在高空中发现了纳斯卡地区一些神秘的线形网络，认为是古代印第安人的运河遗址，将它们绘成了运河，并把这个消息通知了博物馆馆长，保存在古文书保管所里。遗憾的是，"运河图"长时间地沉睡　在保管所里，被世人遗忘在沉寂里。

几年后，历史学家鲍尔·科逊克得到了这张充满秘密的运河图，开始仔细解读。他发现在"运河"周围的曲线从整体看，好像是一幅画，画着传说中的海神尼普顿的叉子。这幅画真的是运河图吗？叉子的形状是一种巧合，还是这些曲线有更深远的神秘意蕴？

鲍尔率领一支考察队来到了荒无人烟的纳斯卡高原。

对于纳斯卡地画究竟是什么人做的，长期以来人们有许多种说法。几乎没有一种说法令人信服。因为人们一直怀疑当时的人没有条件在地面绘制那种图画，但实际上只是现在的人们无法想象当时人们的意识及行为罢了。

他们发现了飞行员说的线形网络。是一些清晰的白沟，由于高空的视力误差，将这些线条夸张为运河道，这些白沟大约 15 至 20 厘米深，不可能发挥水道的作用，但是这些曲线蜿蜒绵长，有些笔直的直线长达 2 千米。考察队员在思考："在这片被人类遗弃的大沙漠上，究竟画的是什么？谁是这些遗迹的制作者？他们的功用是什么？"鲍尔想找到那个海神的叉子，于是他让队员拿着指南针，一面沿着线路走，一面在地图上标上方位和深度。在大量的测绘工作结束后，沟的整个形状突现了出来，令人惊讶的是，在复杂的线条中，有一只喙部突出的巨鹰图。鹰尾与一条长约 2 千米的笔直的沟相连。运河图的假设被推翻了，沙漠奇画露出了冰山的一角。吸引人们去探索这个未解之谜：制作者是如何完成这样巨大的绘画？运用的又是什么样的巧妙工具？古代人类的科技已达到了哪种水平？

在整个考察过程结束后，我们看到了纳斯卡的全部地貌，这里有各种各样的动物和植物图案，以及精确的平行线。虽然经过岁月的洗礼，这些线条依然清晰，由于遗址的庞大，考察队员决定在高空中来观察，可令人奇怪的是，在高空中竟看不到这些图画，只有一片黑色的地表。飞机降低高度也难以窥见沙漠上的线条。

在操作了数百天的高空飞行中，考察家发现只有飞机盘旋到一定的角度时，才能看到这幅地画。而且是整幅地画！在广袤的纳斯卡沙漠上，绘制着数千条线，形成一组组奇妙的图案。还有一些三角形、　四边形等几何图形，更让人迷惑的是每一组图画在几十千米后，还会出现一批，并且两组之间的长度与图形格式十分精确，误差不超过 1 度，这种精确度是如何达到的？

考古家对此有多种看法。科逊克认为这是古人的天文启蒙书。因为他发现远处的太阳光线和与巨鹰喙相连的沟正好重合。把地画的平面图与星象图相比，发现太阳系的各大行星，都被做上了标记，我们可以在地画上找到南半球星空

纳斯卡地区的线形地画。人们一直搞不懂它究竟有什么样的含义。

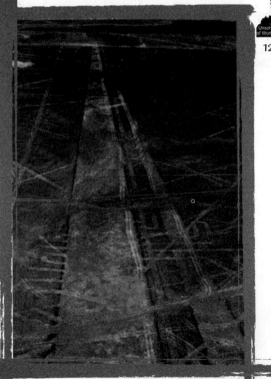

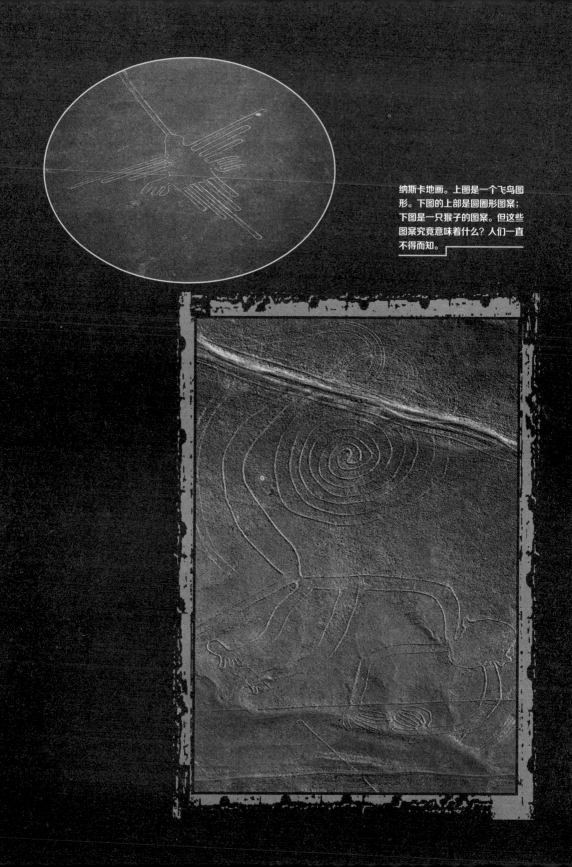

纳斯卡地画。上图是一个飞鸟图形。下图的上部是圆圈形图案；下图是一只猴子的图案。但这些图案究竟意味着什么？人们一直不得而知。

的众多星座。而著名的考古专家丹尼肯认为，这是一群外星智能生物所建造的临时机场。那些笔直的沟是他们铺设的两条跑道，而那些图案是机场的标记。这样看来，纳斯卡地画就极有可能是通往天体的交通线。如果按照图形飞行，会到达秘鲁的南部，在峭壁上也有巨大的标记符号和一个指向内部的光束圆环。这一带的居民说，这些图形和线条不是我们普通人类的创作，而是半神半人的"维拉科查人"的作品。

然而，令人不可思议的是，人类直到20世纪才学会飞行技术，所以有人会猜测纳斯卡线条是外星人登陆机场的跑道，但是这些巨画的成因及其作用依旧没有定论。现在考古学家认为，把纳斯卡地画看成是外星人的跑道，这一观点是基于20世纪人的想象水平的，认为如此巨大的规模只有飞机跑道堪与媲美。随着科学技术的发展，人们对自然的认识，对超大型的事物，不再像以前那样惊讶了。因此可能存在比飞机跑道更加巨大的事物，是我们现在还不能了解的。

考古学家试图从发现的文物实证上做逻辑推理，但这一切都是推测和想象。如果不是天文启蒙书，那么，正好重合的太阳光线如何解释？如果是外星人的飞行跑道，那些图像难道只是引航的标记吗？到目前为止，这些遗迹依旧是一个难解的谜团。但是，伴随考古学家的工作越精细，发现这些线条和图形越充满着更丰富的内涵。

纳斯卡地区刻在巨石上的图案。

123

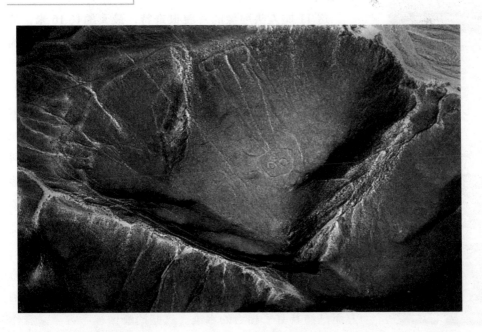

# 委内瑞拉浮雕和墨西哥人头石像
## 有何玄机

位于墨西哥特诺奇蒂特兰城太阳大金塔顶上的甲玄武岩人头石雕。石雕身上还刻有花纹。

124

　　1938 年，11 座全部由玄武岩雕刻而成的人头石雕像在墨西哥的原始森林里被发现了。这一发现轰动了国际考古界，来自墨西哥及世界各地的考古学家和历史学家都对这 11 座人头雕像表现出了巨大的兴趣，纷纷前往墨西哥进行考证、研究。

　　这 11 座人头雕像的外貌很奇特，最大的长 16 米，最短的长 6 米，最重的有 20 吨。最奇怪的是，所有的这些的雕像都是只有脑袋，没有身躯和四肢。看着这些奇特的雕像，人们不禁疑问：古人为什么要雕刻这些只有脑袋的雕像呢？古人雕刻它们的意图是什么呢？古人又为什么把这些石脑袋放置在原始森林中呢？更加令人惊奇的就是，其中一颗的石脑袋上雕刻了许多奇形怪状的图画式的象形文字，科学家推测这或许就是石像雕刻者留下的线索，告诉后人他们的意图以及石像作用的文字。但是，迄今为止，这重要的线索没有被人所识破，这些文字至今仍然没有人能够全部的认识。

　　这些的石像都是威武的军士，雕刻极其精细，细致的刻画出了人物的面部表情，神态逼真，表明了当时在雕刻方面已经具有了相当的水准。这些的雕像被考古学家看作了古代美洲雕刻艺术的代表作品，完全代表了那时的艺术水平。

这些石刻人头雕像的作者是谁呢？是谁雕刻了它们？有的学者认为很有可能是传说中拉文塔族人，原因在于：

（1）根据历史学家的研究，墨西哥有确切的文献资料可考的历史是从公元前2300年左右开始的。而公元前2500年至公元前200年是墨西哥的"前古典文化时代"的阶段。就在"前古典文化"阶段中，墨西哥人已经创造了象形文字、记数法与历法。最重要的就是，这时的墨西哥人经常用重达几十吨或者几吨的巨石雕刻面带微笑的石刻雕像。根据这些的线索来推测，这11座玄武岩雕刻而成的石刻雕像很可能就是墨西哥古典文化的先驱——奥尔梅克时期的奥尔梅克人的作品。（2）根据历史学家的考证，

特诺奇蒂特兰太阳大金塔塔身的石雕，它图案丰富，但以各式神像为主。

125

126

用玄武岩雕刻的托尔特克战士。

在墨西哥地区流传着这样一个古老的传说：远古时代苍茫的原始丛林中，生活有一个创造了高度文明的部落，即拉文塔族。他们居住的宫殿金碧辉煌，传说他们的许多的宏大建筑物都是用巨大的金块砌成的拱门，因此，有理由认为是拉文塔族创造了这些的巨石雕像。

但是，有的学者认为，这样的理由太过勉强。（1）史书的记载，拉文塔族是1000多年前突然消失的无影无踪的。他们究竟到什么地方去了？他们又是怎么样消失的？他们的失踪之谜已经成为了人类历史的一个千古之谜。直到今天，谁也无法说出他们曾经生活过的具体地点以及他们生活的具体的情况的。怎么可以单凭口头流传的没有事实根据的传说就认定是拉文塔族的雕像呢？（2）雕刻巨型石像是原料玄武岩，竟然全部是从3000多千米外的地方搬运而来的。因为石像所在的原始森林中是没有这样的玄武岩的。根据科学考察，当时的墨西哥以及整个南美洲都没有车轮，也没有牛、马等畜力运输工具，只靠人力，是用什么办法把重达数十吨的整个的石块运到了遥远的原始森林的。这同样是一件匪夷所思的事情。

古人雕刻石像的用意以及用途是什么呢？为什么雕像是只有"脑袋"呢？它们的"脸型"又是以谁作为了"模特儿"呢？人们百思不得其解。无独有偶，委内瑞拉的巨型浮雕同样的充满了谜团的。委内瑞拉的山区树林中有一块占地大约3000平方米的巨石，平时它就是一个普通的石头，毫无出奇的地方。但是，清晨的阳光照射到一个特定的角度时，奇迹出现了，巨石表面突然显现了许多极其美妙的画像，一段时间后，这些画像便会自然的消失。或许图象的出现只是一种自然的巧合？但是科学研究表明，这些图象是人工雕刻而不是自然形成的。这些图象的雕刻者精通光学原理，巧妙的掌握了雕刻的角度与刀口的深度，因此只有当阳光射到了特定的角度时，巨石浮雕方可显现。这些浮雕总共7幅，居中的是一条巨蛇，接近蛇头的地方是几个大钟；还有一幅浮雕是奇特装束的带盔甲的战士。这不似人类的怪象，是否就是外星人的形象呢？而这些浮雕是否是外星人访问地球后留下的礼物呢？

所有的一切困扰着人类，这所有的问题是没有答案的。我们疑惑着，所有的一切究竟是什么样的原因呢？它们背后的玄机是什么呢？它们是人类自己的作品吗？或者它们是外星人送给我们的礼物？真的有外星人吗？

Unsolved Mysteries of World Archaeology

# 谁绘制了最早的古地图

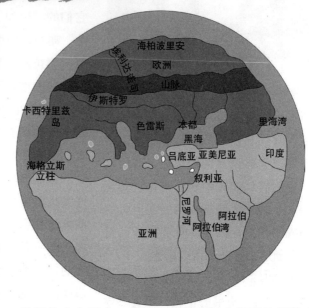

这是早期欧洲人绘制的世界地图，从这张地图可以看出欧洲虽然知道地球是圆的，但对各大洲的了解还是十分模糊涂的，他们还不知道世界上还有美洲、大洋洲和南极洲。

海柏波里安　欧洲　策利达基司　山脉　伊斯特罗　卡西特里兹岛　色雷斯　本都　里海湾　黑海　印度　吕底亚　亚美尼亚　海格立斯立柱　叙利亚　尼罗河　阿拉伯　亚洲　阿拉伯湾

世界的七大洲中，南极洲是最晚被人们所认识的大洲。并且因为南极洲终年风雪狂暴，气候条件十分的恶劣，鲜有人类居住在南极洲的。可是，一幅古地图的发现却打破了人们这固有的观念，这幅古地图说明了早在几千年前，人类就已经开始了对南极的探险，并且绘制了最早的地图，这是多么的不可思议的事情，令人惊讶不已又令人高度兴奋。

这幅最早的古地图是皮瑞雷亚斯的地图，它不是任何的骗局，而是公元 1513 年在君士坦丁堡绘制成的。1957 年，古地图被送到了美国海军制图专家，休斯敦天文台主任汉南姆那里，经过科学分析研究，认定古地图不仅异常准确地描绘了地球外貌，而且包括了一些我们今天也很少勘察或者根本没有发现过的地方。这幅古地图被称为了"古地图之谜"，是世界的重大奇迹

在希腊出土的刻有地图的陶瓷残片。

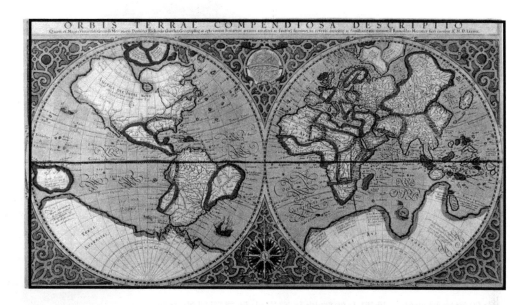

这是18世纪欧洲人绘制的世界地图。从中可以看出人们对世界的认识的不全面。

之一，那么，它的"奇"究竟在什么地方表现出来的？

（一）南极洲图形之谜　这幅古地图描绘的是"冰层下的地形"，也就是南极洲穆德后地被冰雪覆盖之前的真正的面貌。自从公元前4000年，穆德后地被冰雪覆盖以来，世人就无缘一睹它的真面目。直到1949年，英国和瑞典的一支科学考察队抵达南极，对穆德后地展开全面的地震调查，人们才是一睹它的芳容。

难以想象18世纪之前，古代任何人都不可能知道南极洲的真实面目的情况下，古地图的绘制者却绘制了精确而且清晰的南极洲，他们难道到过南极？更令人不解的是，几千年来，人们并不知道南极洲的厚达4500多米的冰层的下面有山脉，但是古地图不但绘制了这些山脉，有的甚至表出了高度。我们今天的地图是借助回声探测仪才绘制出来的，

那么古地图的绘制者是怎么样的得知这一切的？

（二）"泽诺地图"之谜　"泽诺地图"上的挪威、瑞典、德国、苏格兰等地的精确度以及岛屿经纬的精确度，达到了令我们今天的现代人吃惊的地步。除了精确之外，"泽诺地图"还绘有今天并不存在的岛屿，根据专家的猜测，这些岛屿以前确实是存在过，不过现在已经沉入了海底，还有一种可能就是它们已经被南下的巨大的冰块所覆盖了。这些岛屿的存在证明了地图的真实性，难道会有今天的人们来绘制造早就已经不存在的岛屿吗？地图的真实反而使我们有了更多的困惑：远古的人类，科学难道已经发达到如此的地步，他们竟然可以绘制这样精确的地图？他们的地图有什

Unsolved Mysteries of World Archaeology

129

这是飞机从空拍到的南极洲的形状，人们就是根据这种实测绘制的每一个地方的地图。

么的作用吗？他们应该不是为了绘制而简单的描画了远古的地形的，那么，地图的用途是什么呢？难道是古人远航所用的吗？

（三）地图是空中绘制的吗？

现存两块羊皮纸的地图残片，上面分别写有"回历919年"（即公元1513年）和"回历934年"（公元1528年）的日期。这两块羊皮纸的吸引人的地方在于它们的绘制独特。地图上的陆地与海岸线呈现明显的歪斜现象，并且南美洲看上去比实际大了许多。人们本来以为是地图绘制者的失误，然而经过仔细的研究却发现它们竟然与二次世界大战中美国空军的地图如此的相似，而美国空军的地图是采用正距方位作图法绘制的地图。正是因为从空中俯视地面，所以陆地与海岸线呈现了明显的歪斜现象。由于地球是一个球体，离开地图中心的区域就好像是"下沉"了，歪斜了，所以南美洲看上去比实际大了许多。古地图的绘制情况是如此的，而美国登月飞船上所拍摄的地球的照片竟然与古地图有惊人的相似之处。难道这又是一个巧合？难道这古地图是古人从天空中绘制出来的？有这样的猜测的确是匪夷所思的，但是除此之外，我们还有什么更好的答案呢？

如果要绘制这样精确的地图，就必须具备两个基本的条件。其一是必须在空中飞行，其二是必须有在空中拍摄的器具与技术。人类掌握空中拍摄的技术不过是近期的事情，古代的人们是如何掌握了这样的技术？他们的拍摄的器具又是如何制造的呢？如果古人不具备这样的条件，他们又是怎样绘制出地图的呢？并且地图的精确度是这样的令我们赞叹！

考古

130

是外星人帮助我们的古人绘制的地图吗？很明显，许多的学者并不赞同这样的观点。那么，如果不是天外来客的帮助，我们的祖先是怎样绘制出地图的呢？到底是什么人绘制了地图？他们又是采用了什么样的方法来绘制的呢？他们绘制这样的地图的用意是什么呢？他们为什么要绘制在今天的我们看来是超出了他们的实际需求的地图呢？

面对这样的疑问，我们期盼学者们的研究会给我们一个满意的答案，我们或许只能期盼来自未来的回答了。

这是罗马人绘制的罗马市地图，它已基本接近现代市政地图，也为现代绘制地图提供了参考。

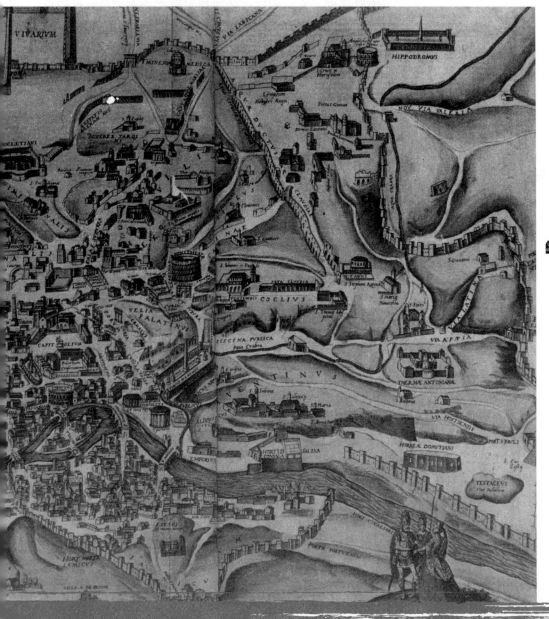

# 《古兰经》里的"19"为何如此神秘

　　《古兰经》是伊斯兰教基本经典。"古兰",阿拉伯文 al-Qur'an 的音译,意为"诵读"、"读物"。汉文旧译有《可兰经》、《古尔阿尼》、《宝命真经》等。在610～632年间,安拉陆续颁降给穆罕默德圣人,是安拉的语言和启示。是最后的一部经典。各种启示最初由穆罕默德门弟子默记、背诵或录在皮革、石片、兽骨、椰枣叶等上面。后经哈里发艾卜·伯克尔、欧麦尔和奥斯曼指派专人追记、搜集、核实、抄写、保存,并于奥斯曼在位时汇集分卷,划分章节,形成定本,遂称"奥斯曼定本",即"穆斯哈夫"。其后书写和标音不断完善,逐步统一。共30卷,114章。

　　全经以622年穆罕默德由麦加迁徙麦地那为界,分为"麦加篇"和"麦地那篇"。前者计86章,约占总章数 2/3;经文节数大多较短,内容以阐述安拉独一、穆罕默德是安拉的使者等基本信仰为主,旁及宗教哲理、礼仪等。后者28章,约占章数 1/3,节数一般较长,内容以伊斯兰教对社会各项主张为主,并涉及生活中的饮食禁忌,以及民、刑等方面的律例。

　　古代的伊斯兰学者们对《古

用阿拉伯书法的《古兰经》的一页,阿拉伯文是少数可以用来写书法的文字之一。

考古

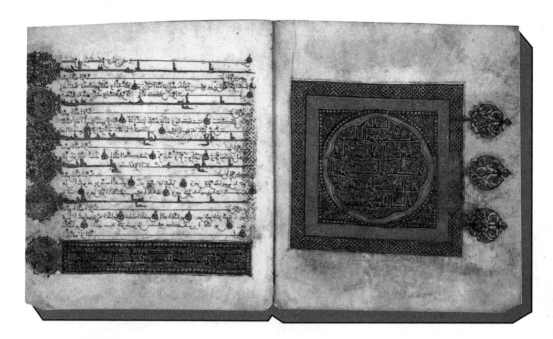

用阿拉伯书法的《古兰经》的
一页，阿拉伯文是少数可以用
来写书法的文字之一。

兰经》的毕生研究发现许多不可思议的
数字奇迹确信是真主通过阿拉伯文颁降
启示中隐藏的奥秘。现代的学者把《古
兰经》输入计算机通过确定项目的电子
搜寻和计算《古兰经》中隐藏的数字奇
迹发现的越来越多。不断有不同地方的
学者报告新的发现。例如在《古兰经》
中男人与女人这两个单词出现的次数相
等都是 24 次，不但数字相同。而且这
两词所出现句子的语法也相同。伊斯兰
学者塔里格·斯威丹博士曾经把《古兰
经》里的数字奇迹按照类类别分为两方
面的数字启示。一类是信仰与生活类；
一类是活动与自然环境。前者如活着的
生命 145 次，生命的死亡 145 次。后
者如海洋 32 次，陆地 13 次。海洋与
陆地相加得总数 45 次。海洋与总数相
除，即 32 被 45 除得 71.11111111%，

陆地与总数相除，即 13 被 45 除得到
28.88888889%。现代地理学将　地球
表面分为海洋与陆地两部分，海洋的
面积占 71.111%，陆地占 28.889%。
完全与《古兰经》中"海洋"与"陆
地"两个词出现的数字相同。他这样
的研究是为了把"真主"的暗示显明，
作证《古兰经》是"真主"的语言，
赞颂"真主"超绝万物。

　　《古兰经》里最明显的一个数字的
联系是《古兰经》与"19"的关系。《古
兰经》全书共 114 章，而 114 恰好是 19
的 6 倍。经书的第一句话由 19 个字母组成，这 19 个字母形成"名——安拉——大仁的——大慈的"四个单词，其中："名"在全书中出现 19 次，"安拉"出现 2698 次，"大仁的"出现 57 次，"大慈的"出现 114 次，这些所有的次数，都是 19 的倍数。这四个单词贯穿整个《古兰经》的始末，每一次的出现都在向 19 靠近一点。第 96 章是最早颁布的《古兰经》经文，而这一章按照《古兰经》章次编排是倒数第 19 章。由 19 接经文组成，共有 285 个字母。而 285 也正好是 19 的 15 倍整。另外，《古兰经》第 96 章的第 5 节经文，由 19 个词组成，这 19 个单词，根据《古兰经》奥斯曼原本，则是由 76 个阿拉伯字母组成，而 76 是 19 的倍数。《古兰经》中曾提到很多的数字，

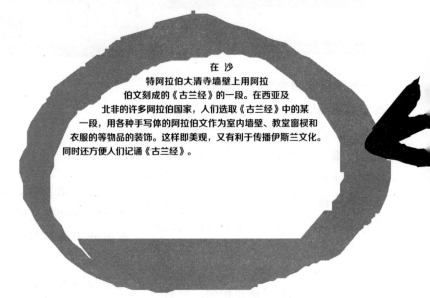

在沙特阿拉伯大清寺墙壁上用阿拉伯文刻成的《古兰经》的一段。在西亚及北非的许多阿拉伯国家，人们选取《古兰经》中的某一段，用各种手写体的阿拉伯文作为室内墙壁、教堂窗棂和衣服的等物品的装饰。这样即美观，又有利于传播伊斯兰文化。同时还方便人们记诵《古兰经》。

如"40 天"，"12 道泉水""7 重天""1000 年"等等，全书总共出现过 285 个类似的数字，但 285 有是 19 的倍数。如果 285 个数字个包含的数相加，其和为 17.4591 万，又是 19 的倍数。

伊斯兰经学家认为《古兰经》是真主的话语，不是被创造的。所以这里面所有的现象都只能是真主的启示，而并不是人为刻意去构成的。那么，19 与《古兰经》如此紧密和奇妙的联系如何解释？是巧合似乎不太能让人信服，

如果不是，那它意味着真主的什么意思？至今为止没有人曾对这些数字具体的有过研究结论，虽然有不少的研究者发现了《古兰经》和数字的种种机缘，并且很有兴趣的去探究。

很多人会关注到一些宗教经典典籍里内容与数字的关系，。比如对《圣经》"三位一体"概念里三角数字的搭配，以及对圣经里代际间数字关系的考究。甚至有"文字数码学"（字词中与各字母对应的数字累加在一起，然后来解释该词的含义，或简称"字码学"）的名词出现。这也许是对经文的另一种释读方法，也或许是对经典文献的一种独特创造。不论上发现还是创造，数字散落在流传典籍的字里行间，拿出来可以有

意义的话，这意义一定是可以加以阐释的。我们期待这些蕴涵的内容生动起来，丰富我们固有的精神资源和文化资源。

阿拉伯文是由阿拉米语文字衍生的伊斯兰音符文字，它是典型的辅字母，共28个字母，元音用附加符号表示，形体差别不明显；书写和印刷自右而左，是世界上使用最广泛的字母文字之一。

# "大西洲"为何沉没于海底

关于大西洲的传闻是世界历史上最大的谜团，在世界各地到处流传着这个传闻。据说大西洲是一块神奇的大陆，那里曾经产生过人类文明史上的奇迹，那里生活着智慧超凡的人。他们创造了高度发达的物质和精神文明成就。千百年来这一奇特的传闻吸引无数人们探询和追踪它的由来，遗憾的是迄今为止人们还未发现到大西洲的踪迹。如此说来大西洲是否真正存在过，它又是在何时沉没于何处的。

关于大西洲的故事最早进行记录的是古希腊著名哲学家柏拉图，他所记述的有关大西洲的传说，是从他表弟柯里西亚那里听来的。而柯里西亚又是从他曾祖父卓彼得斯那里得知的，而卓彼得斯又是听当时雅典人梭伦所说的。梭伦是当时著名政治改革家和诗人，曾用长达 10 年时间游历埃及、塞浦路斯、小亚细亚等地。他回国后想把在埃及听到的有关大西洲的传闻，编写成叙事诗传给后人，可惜他未来得及完成便去世了，到柏拉图所在的时代时，关于大西洲的故事已经广为流传、妇孺皆知。

据传说柏拉图为证明其真实性曾经自到埃及去做实地考察。他访问了当地许多有名望的僧侣和祭司，但是，也只是听到些传闻罢了，并没有

古希腊哲学家柏拉图，是他最早在文献中提到大西洲的情况，当然这也是道听途说，没有确切的证据来证实。

找到他所需要的材料。柏拉图在公元前 350 年写过两篇对话录《克里斯提阿》和《泰密阿斯》，在文中这样写道：9000年前在大西洋有座孤岛，名叫亚特兰提斯，面积比利比亚还要大。那里土地肥沃，物产富饶，矿藏丰富，人们冶炼、耕作和建筑。那里的道路通畅、运河纵横交错，对外贸易发达。

为攫取更多财富，他们凭借强大的船队向外扩张，曾一度征服了包括埃及在内的地中海沿岸大片地区，不幸的是，一场毁灭性的地震和随后的海啸，使得整个岛屿包括都市、寺院、道路运河和全体居民，在顷刻之间沉入海底消失在滔天的波浪之中……

历史上真的出现过这么一个大西洲吗？

"反对大西洲派"的人认为，亚特兰提斯岛根本没有存在过，它不过仅仅是柏拉图等人诗意般的浪漫幻想。他们主要从时代和地理位置两方面进行了批判和驳斥。

根据柏拉图的描述而绘制的大西洲地图，从中可以看出它位于大西洋中部，但根据现代板块漂移学说，大西洲没有存在的空间。

首先是在时间上，依据柏拉图所指来推算，大西洲沉没的时间应是距今11500年，即公元前9600年。就目前所知，最早耕作出现在公元前7000年的伊拉克和公元前5000－6000年中国原始农业萌芽的河北磁山新石器文化，而最早的农业文明是公元前3000－4000年地处两河流域的苏美尔文明。同时，时代的矛盾也反映在冶金和建筑上，试想公元前9600年，亚特兰提斯岛真的有可能出现那样灿烂的文明吗？

其次是在地质学上，业内人士普遍认为像利比亚这么大面积的古国，在顷刻间沉没大海是极端不可思议的事情。从理论上讲，大陆板块所进行的漂移，因地质构造运动所导致的地势升降，因纬度冰消雪融引起的海平面升降，无一

Situs
Insula Atlantidis, à
Mari olim absorptæ ex
mente Ægyptiorum et
Platonis descriptio.

Africa.

Oceanus

Hispania.

Infula Atlantis

Atlanticus

America

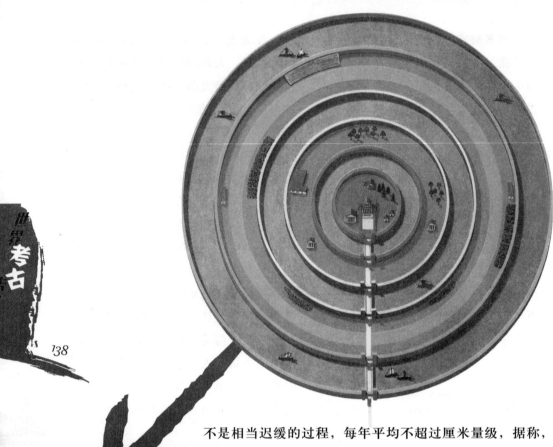

从空中俯瞰大西洲图。可以看出它是一个布局十分整齐的城市，最中 央是王室宫殿，其后依次是军队驻地、居民区和城防设施。

不是相当迟缓的过程，每年平均不超过厘米量级，据称，目前所知陷入地震时地面裂口中的最大物体是 1906 年旧金山大地震时的一头母牛。所以，整个岛屿陷没是个不可能的事。

同时，根据大陆漂移说的理论来分析，在很久以前，几乎所有大陆都是一个整体，后来分裂成几大板块陆地，这些板块陆地好像巨大的岛屿漂移在岩石圈的软流圈层上，随时间的推移渐渐分裂开来，形成了现在的地形地貌。假如用一把剪刀把各个大陆板块剪下来，然后拼结在一起，人们会惊奇地发现原来所有的大陆板块都能够对接，而且吻合得很巧妙。这时也就没有大西洲的立足之地了。

这种大陆漂移说和板块构造理论已经被当今地质地理学界所普遍认可和接受了。

但是另一方面，"支持大西洲派"的人认为，大陆拼接本身是"天衣有缝"的，特别是在大西洋部分拼接得不严密，露出部分缝隙；它的面积尽管没有大西洲大，但那是大西洲向下陷落所导致。

此外，他们还找到了一个地质学上的证据来说明，在亚速尔群岛外围，还发现少量的海豹，但海豹不可能自己游到海洋中心，它们是近海生物。假如没有大西洲，这里又怎么会曾是近海呢？在亚速尔群岛上还发现有大量野兔，它们是来自何方呢？14世纪加那利群岛被人们第一次发现时，当时岛上还没有船只，却有人、牛、山羊和狗，它们又是来自何方呢？美洲印第安人曾经普遍以大象和猛犸为艺术和建筑的主题，而现在美洲仅仅发现过它们的残骸，并没有这些动物。他们的祖先却应该见过这类长鼻子大牙齿的家伙。

诸如此类的现象还有很多，只有一个道理能够解释得通，它就是：历史上曾经出现过一座"陆桥"，用来连接着欧洲、美洲和非洲，因此动物们可以在"陆桥"上进行迁移活动。

这座陆桥应该出现于大西洋，但它究竟是不是那个传说中的大西洲呢？

大西洲是否存
在一直是考古界一直谈论的话题，但越来越多证明表明：大西洲只不过是一个美好的传说而已。在有文字记载的史书中都不曾有大西洲完整、确切的地理位置的记载。大西洲很有可能是以此传此"造成"的。从第一个在书中提到大西洲的柏拉图，他们消息来源仅仅是别人听来的传说而已，没有任何确实可信的证据。

巨大的海啸。海啸虽然威力巨大，但要说它可以吞没一整块大陆的确是不可能的，也无法使人相信。

# 澳大利亚原始洞穴手印是谁留下的

在澳洲的史前文化中，南澳大利亚的库纳尔洞穴发现的2万年前的岩壁画，成为一个引人注目的现象。土著先民们最初用手指甲刻在软石灰岩壁上的一些细小线条、一些弯曲迂折的但仍然很流畅的凹线刻画，成为库纳尔洞穴岩壁画中最早的遗存。那时的岩壁画的图形已经有横切面呈"V"字形的，甚至还有几个颇为工整的格形图案。作为太平洋岩画群体中年代最为久远的画面之一，澳洲岩画画面虽然很简略，但作者的原始意念已经有明确的表露，包括原始的祭祀仪式及与新石器时代文化的源流关系。

在早期的具有代表性的岩刻画的画面上，脚印和手印也醒目的分部在其上。而且对脚印和手印的刻画粗细、手法并不相同。脚印的雕琢很精致、细腻，造型准确，生动形象，依脚趾的排列和方向去选取刻画的维度，而不是根据踩踏的脚印去刻画，画技不能和蘸了颜料而印成的岩绘画相比，但其留下了澳大利亚原始土著居民的较早的足迹。手印的刻画有些粗糙、拙陋，用较为宽而粗的块面表现，不仔细辨别很难看出是手的印记，但拇指还是很容易辨别出来的，整个手的画面显得抽象而简单。在太平洋岩画的群体中，岩画的作者大都是崇鸟的氏族，动物脚印的数量在岩刻画的画面中也占有一定的比重。以鸟类的脚印为最多，而且这些脚印大都随鸟类在其生存环境中的地位而有大小的区

在澳大利亚沙漠中发现的巨大的人手形的岩画。它可能是土著居民用手工雕刻而成的。

别。尺寸较大、粗壮、痕迹较深的鸟脚印，或许应为表示鸵鸟在那个生活环境中所拥有的不寻常而非同一般的地位，其它鸟的脚印很小，但是种类很多，有三叶片状，有圆点状的，也有箭头状的。

澳洲原始居民在岩壁上留下足印之后，人类艺术起源时期的一个可靠而珍贵、神秘而伟大的标本就产生了。在澳大利亚的古人类遗址中，人们普遍的发现了赤铁矿石块以及磨盘，这分别是用作颜料和研磨用的。而土著人在向自己的身上涂抹红色时，澳洲土著人再生的意念已经萌发，伴随与之的是用颜料在岩石上作画的原始艺术的诞生。在新南威尔士西南部的蒙戈尔湖的河床一带，曾出土了大量史前猎人的生产和生活的遗迹，他们采集植物的果实，捕猎袋鼠、山猫和鱼类等。而且在这处遗址中还发现了一位妇女的墓葬，这是具有一定仪程的葬礼，所埋葬的洞穴便成为了岩画的写实素材，并开创了太平洋岩画画面中大量出现的圆穴凿刻艺术的先河。

在澳大利亚广阔的领土上有上万幅原始洞穴岩画。或许从2万年前开始一直到今天，澳大利亚的土著居民从来没有停止过岩画的绘制与雕琢。北澳大利亚岩画中的"祖灵"形象非常显著。地处约克半岛的一个洞穴里保存着几百幅主题是人物的岩画，那些人物或许是英雄、是神灵、是祭司，艺术家们

不得不为原始土著居民的人物画所赞叹与倾

这是另一幅在岩洞中发现的手印岩画。对于当地土著在许多地方刻画的手印图案的用意人们还没有弄明白。甚至有的学者认为这是人类对自身图腾崇拜的一种结果。

倒。而种种人物形象或许都与澳洲人心目中的祖先即最先来到这片土地的人们有关。原始人类的迁徙活动使澳洲最早住民的构成众说纷纭。总之，北澳大利亚岩画中的祖灵形象为研究澳洲提供了丰富形象的资料，对寻觅澳大利亚史前文化的源头具有重要的意义。

此外，在澳大利亚一些文化遗存十分丰富的地区，岩画画面的主要题材是鸟形人。作者用一条带状的彩色线条勾出椭圆形的脸眶，在用密集的短线条在脸眶上装饰出细细的绒毛，眼和嘴连在一起，眼眶用细线条勾画出睫毛，很似鸟的形象。鸟形人面的岩画在东亚和太平洋地区的岩画中也很丰富，在夏威夷岛上的崖壁画中，鸟形人面成为最引人注目的主题。澳大利亚的鸟形岩画，清楚地反映了崇鸟部族地迁徙路线，而这条路线与澳洲的最早住民进入大洋洲的历程恰好是重叠的。岩画能不能成为亚洲的先民迁徙到澳洲汇合的一种印证？土著人谨慎地崇敬岩画中的人物，认为他们是澳洲山河的缔造者，他们有着永存的精神和无穷的力量。成为氏族印记的岩画中的鸟形人面形象，其背后是一种强大人群与种群的力量。

大澳大利亚土著居民中，由于没有文字用来表达他们要传达给后人的信息，他们采用岩画这种方式，但随着时间的流逝，这些画的真正含义已无人知晓。人们只能从口口相传的民间说传说中去体会这些岩画的内涵，从而去了解古人所要表达的信息。

刻画了其他图案的岩洞画，也是当地土著居民用来表达某种特定含义的。现在，人们只能用艺术的眼光来审视这些岩画了。

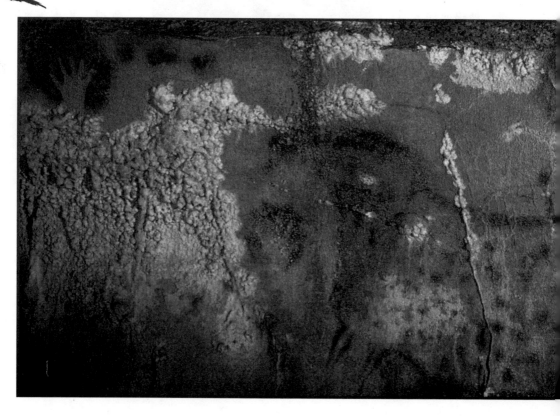

澳大利亚岩画通常采用夸张的手法而对人身体的某个部位进行放大。画人的双臂时，采用"透视法"，将其画得颀长劲健，充分显示出人攫取食物的力量。双腿用粗实的线条画得很有力量。用明确的线条勾勒出脚趾和脚踝。虽是夸大、变态的造型，人体的主要特征还是很明显的。可以把变态的人体看成是一种写实的记录和一种大胆的创意，早期农业开发的艰难，强大的人体是落后的经济形态的一种补充，也包含了早期人类祈望谷物丰收、人丁兴旺的执着的理想和愿望。澳洲岩画对人类早期生活的记录可谓文明史上的重要一页。

同时澳洲的原始岩画在一些形象上展现了一种古老而又新奇的原始美，一种人类初萌时期的混沌美、朦胧的美，某种程度上是超现实的美。从澳大利亚原始岩画中，我们看到了澳洲原始土著居民及人群的足迹，看到了人群不断的迁徙与融合的痕迹，看到了原始居民对生命的理想与祈望，更看到了原始艺术的灿烂光芒。

这是一幅由多种形象组合而成的岩画，其中有人手印、澳洲特有动物图案以人们生产劳作的场景。可能是2万前绘的。

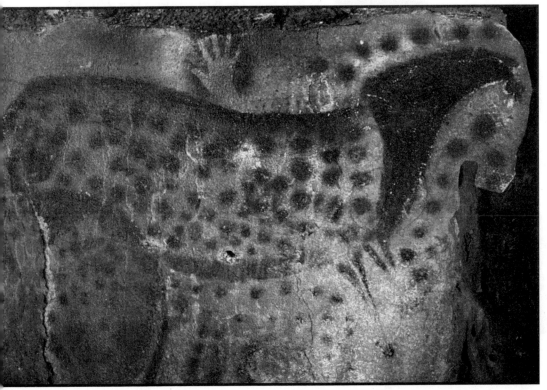

古埃及人总是相信来世存在，或多或少能摆脱这种恐惧，因此，人们在埋葬死者时进行了精心准备。法老时代，社会的贫富差距日益扩大，等级制度逐渐森严，人们对美好来世的向往更加迫切。这样，人们就产生了对死者尸体的崇拜。他们认为，如果以可辨认的形式保存死者的尸体，人身上的"卡"，也就是我们常说的"灵魂"，就会重新回到死者的躯体；如果躯体完整而且不腐烂，灵魂与躯体就会活到另一世界里；如果尸体腐烂，灵魂也就不复存在，人也将真正地死去；如果损坏了尸体的某一部分，就会使死者在来世也丧失身体的同一部位。为了能够使死者继续在来世更好完好地生活，必须把尸体完好地保存下来。

同时，古埃及独特的自然环境也助长了古埃及人对来世的希望。尼罗河每年有规律的泛滥与消退、植物与之相应茂盛与枯萎、太阳每天的升起与落下，给古埃及人这样一种感念：世界是循环往复的，自然万物可以生死轮回，人也应当如此。为了准备来世的复活，也必须好好保存尸体。

古埃及人在木乃伊制作与埋葬方式上十分的细心，甚至可以说到了绞尽脑汁的地步。根据历史文献记载，埃及人制作木乃伊时先用沥青为尸体清洗内脏的。但后来用现代技术检验发现，那并不是用沥青，而是用一种植物树脂。

古埃及人对于人的概念和我们现在的概念完全不一样，他们认为，每个人的灵魂都有几种存在的方式，其中最主要的是"卡"和"巴"的形式。"卡"，在古埃

这是一幅用来包裹木乃伊的面具，它可以使木乃伊保存很长时间而不腐烂。

这是从埃及出土的法老的木乃伊，这位法老还没有完全腐烂，人们基本可以看出这位法老的容貌。

以重聚，死者也就可以永生。但他的各个器官必须能够保存下来，这样来世才能够保证死者在来世有一个新的生命，重新复活，继续在来世生活。

在埃及卢索伊城郊外，一名埃及祭司发现了一具木乃伊。这具木乃伊在人们将其抬出墓穴，准备进行处理时，突然听到体内有声响，大感诧异。怀疑有什么有害的东西收藏在木乃伊体内，便将这具木乃伊原封不动地运到开罗医院。医生对干枯的尸体进行解剖后，发现在尸体心脏有一具起搏器。人们可以很清楚地听到这具起搏器促使心脏跳动的声响，大约每分钟80次。那个心脏已经存在2500年，早已干枯，但仍能够跟随起搏器的节律跳动。经科学仪器测试，这个心脏起搏器是用黑色水晶精制而成的。由于黑水晶含有放射性的物质，故而能够不断地跳跃。经化验之后，医生将这个起搏器再次放入干尸内，以供其他的研究人员参观。

水晶用于现代医疗，人们已不再感到新奇。小小水晶石，貌不惊人，缘何有如此好的疗效？中外医学专家历经持久地探索，作出种种科学探索：水晶与其他宝石一样，形成于特殊的地质构造环境。水晶保健性的物质基础是它的化学成分，构成了生命的基本，于是人体与水晶之间有了共同的振动与沟通。水晶所含有的微量元素通过人体的经常摩擦，会沿毛细孔、汗腺等浸入到人体，这样有利促进体内微量元素平衡，使身

145

及语意为"力量，财富，养料，繁盛，效力，永恒，创造性，神秘力量"，是生命的本原；"巴"，古埃及语意为"在阴阳世界里自由飞翔的灵魂"，就是一些人所理解的灵魂，其形状通常被绘制成长着人头和人手的鸟。为了使一个人能够永生，就必须使"卡"和"巴"在坟墓里的木乃伊上重聚。而一旦二者得

体各部分更加协调。人的周围有能量磁场，以不同的形式振动，影响自己也影响四周人。经过切削打磨的水晶，具备了聚焦蓄能的功能，会起到给人体"补磁"的作用，可以消除由于缺磁或弱磁带来的毛病。有人认为，水晶的振动能开发大脑，脑细胞的电磁场不断得到修正，自然保持活力与生机。水晶会令一个人更加聪明，更懂得思考。还有人认为，切磨后的水晶，尤其是按某种方向切磨的水晶，"白天吸光，夜晚放光"，其光华对人体具有保健性。民间相信水晶蕴藏一股神秘的力量。那是因为水晶能平衡人体内分泌、加强细胞功能、增强活力，更为重要的是，它能吸纳四周的负性能量（俗称煞气），所以能趋吉避凶，给人带来好的运气。

千年古尸中的心脏起搏器事情，震惊了全世界的考古学家及电子科学家，其中不少人立即赶到开罗医院，参观那具藏着心脏起搏器的木乃伊。他们也大感惊讶：这块黑色水晶是从什么地方找到的呢？因为现在我们所找到的水晶，几乎全是白色的，只有少数水晶是浅红色或紫色，黑色的水晶从来没有发现过。更加称奇的是，即使古埃及有些术士懂得黑水晶含有放射性的物质，可以使心脏保持跳动，那么他们又是怎样将黑色水晶放进胸腔里面去的呢？在远古时代，又是什么神力造得出那么精密、先进的水晶质医疗用具呢？这些谜语都等待着考古学家、电子科学家的进一步探索和解答。

这是古埃及法老的木乃伊，它的周身用黄金包裹了起来，因为古埃及人相信黄金能保护人的灵魂。

印度首都新德里，位于该国西北部，座落在恒河支流西岸。这里原本是一个古都，叫德里，后来在古都旁边又扩建了一座新的城市，将这个新城区称为新德里，以区别于老德里。新德里和老德里统称为新德里，面积1485平方千米，人口838万。新德里是古老传统和现代化相互结合的一座城市。老德里如一面历史镜子，展现了印度的古代文明，新德里则是一座里程碑，让人们看到了印度前进的步伐。

老德里历史悠久，建都公元前约1400年，取名"因陀罗普拉斯特"，即"雷神之住所"的意思，此后这里曾先后出现过7个德里城。到公元前1世纪，印度王公拉贾·迪里重建此城，德里由此得名。而在公元1648年，莫卧儿王朝皇帝沙贾汗曾把德里改名为沙贾汗纳巴德。德里城内宗教气氛浓厚，古代建筑众多，用红砂石建造的莫卧儿王朝德里皇宫、公元前200多年孔雀王朝阿育王建立的阿育王柱、印度最高古塔库塔布塔以及印度最大的清真寺贾玛寺，都是驰名世界的名胜古迹。

德里皇宫因其围墙是用红色砂岩建成，故被称为红堡。凡到过德里的人，都会慕名去游览这座闻名遐迩的宫堡。整个建筑呈八角形，

阿育王柱，它是用铁做的，经历了2000多年也不曾生锈。

有5个城门，临河一面的城墙高达30米，雄伟壮观，气势磅礴。城内的宫殿都是用大理石与红砂石砌成。石柱和墙壁刻有花卉人物的浮雕，窗棂用大理石镂空，嵌镶有各种宝石，灿烂夺目，富丽堂皇。而孔雀王朝兴建的旧堡遗址和阿育王柱，在这里见证了2000年岁月的沧桑。建于13世纪的古塔库塔布塔，为伊斯兰奴隶王朝的古泰布丁王和伊尔泰米什王所建，风格别致，造型美观。当晚霞映照于塔上时，更有一种神秘的气氛。这座塔是以阿富汗的杰姆塔为蓝本，为纪念伊斯兰的胜利而建的，又名"胜利之塔"，号称"印度七大奇迹"之一。塔分为5层，下面3层用红砂石建造，正面两层用白色大理石以及红砂石建造，塔身由下至上，各层高度缩小节奏逐渐急促，紧密排列着竖向棱线，每层外形各不相同。第一层是24个交叠的三角形和半圆形柱子，第二层是半圆形，第三层是三角形，第四、五层则是白色大理石夹有红砂石。塔内有良好的通风和采光设备，沿着379级螺旋形阶梯，可

印度首都新德里的一处古建筑，在它里边有许多金属铁做的物件，也和阿育王柱一样历经千年而不生锈。

以直达塔顶，眺望新、旧德里城以及亚穆河和秀丽风光。在库塔布塔附近有一

人们依然在寻找防止铁器生锈的有效办法，尽管从理论上说，纯铁是不生锈的，

清真寺遗址，位于德里城南，内中竖立一根粗大的铁柱，高 7 米多，重约 6 吨，这就是著名的阿育王柱，也是印度最珍贵的历史文物之一。当地人称，只要能背靠铁柱将它环抱，许下的心愿就一定能够实现，也许这铁柱真具有一种神奇的力量，让现代人的智慧在它面前软弱无力。

但令人不可思议的是，阿育王柱在露天中耸立了 2000 余年，经历了数千年的风吹雨打，见证了历代帝王将相的更迭，至今却没有一点生锈的痕迹！众所周知，铁是最容易生锈的金属，一般的铸铁，几十年就将锈蚀殆尽，根本不用说数百年上千年的了。而且直到现在，

但纯铁的提取却是十分困难的。

由于其奇异的表现，引得世界各地的科学家，抱着极大的兴致，前去研究。1862 年至 1865 年在《印度的考古学概述》的文章中对该

位于印度北部的库塔布塔清真寺，它是印度著名的旅游景点之一。

王柱有如此描述：这是一根锻造的铁柄，上端直径为 16 英寸，长约 22 英尺，铁柱的上端呈现奇怪的金黄色。这一描述引得一段时间的猜疑，许多研究者认为该铁柱是钢做的。此外，描述还提到该铁柱上的刻印文字非常清晰，这些文字使人们能够确定它的制造时间在公元 310 年。

1911 年，罗伯特·哈德费尔德爵士从铁柱上取了一小块铁做检验，此后又对一块大的铁柱样品做了一番详尽的研究，研究结果表明该铁柱含 0.08% 的碳，0.046% 的硫，0.114% 的磷，0.032% 的氮，99.72% 的铁，铜和其他元素 0.034%，这表明铁柱几乎是一个完全没有杂质的加工铁制品中的精品。从铁的纯度和统一性来看，甚至比现代瑞典的碳铁还好；从结构上看，该铁柱由大的铁晶粒组成，只有一小部分水泥，有时在晶粒的边缘，偶然在铁柱体上，一个更小的粒状结构，独立于大粒子，几乎看不见。此外还有大量的正常形态的小线条，似乎与小颗粒结构有关，这可能老化的表现。哈德费尔德将铁柱上的一小片取下来后，上面淋上水，结果发现一夜之间铁片就生锈了，但是铁柱的断端在同样的实验室条件下四天都不腐蚀。此后，大量的分析研究也表明，铁柱是一种接近于纯铁的合金，除铁之外，还含有碳、硅、磷等成分，这或许就是它历经那么多年而不生锈的原因所在。这是否说明古代的印度人早已掌握了冶炼不锈铁器的技术呢？

由于这一奇异的现象，人们后来也注意到了其他千年铁柱，屹立不锈，比如

印度的著名旅游景点——红堡。

达哈铁柱。这根铁柱有三段，在公元 14 至 15 世纪的宗教混乱中被切断。铁柱上没有铭刻的文字，别处也没有足够肯定的参考文献，所以关于铁柱是何时制造的，没有任何根据来做哪怕是最模糊的推断。只能从它的形状来判断，它属于古普塔时期（公元 320-480)，人们普遍认为这根铁柱和阿育王柱大约是同一时期的。还有辛哈勒斯铁柱，研究者对一些从被埋葬的斯兰城里挖出来的铁器进行了研究。许多的铁器被挖掘出来后，都严重地生锈，在博物馆里也继续生锈，除非得到特别防护。但是不管怎样，确实存在一个防腐蚀的、质量相当好的铁器，这就是古老的辛哈勒斯铁器，制造于 5 世纪。另外还有克那拉克的铁柱。这种铁柱被用于克那拉克倒塌的黑宝塔建筑中，现在仍留在一些被保护的毁坏了的寺院废墟中，这个寺院被认为建造在公元 1240 年，因此铁柱也被认为是那时铸造的，而且在寺院的墓铭记中详细地记录了这些铁柱的外观。

这些铁柱都亘古不变，历经千年风雨的洗礼，而对它们的结果分析表明这些铁柱的组成成分和纯度几乎是一样的，这难道也是由于同样的原因？可是这难道就可以说古代的印度人早已掌握了冶

炼不锈铁器的技术？为什么我们没有发现其它在同时代冶炼出的不生锈的铁制器具呢？古印度的典籍中，为什么没有任何关于这方面的记载呢？

铁柱依旧矗立在那里，难道它要等到人类解开这一秘密后才轰然倒塌或腐蚀？还是在挑战人类的智慧？我们在等待……

阿育王柱顶端的铁制石狮，它经历千年的风雨而不生锈，人们一直在研究古印度人用什么技术制造出纯度如此高的铁制品。

# 部分著名考古遗址分布图

① 智利复活节岛
② 美国弗德台地国家公园
③ 墨西哥荒原上的石头标记
④ 玛雅大金字塔
⑤ 墨西哥的人头石像

⑥ 墨西哥奥尔梅克石像
⑦ 秘鲁纳斯卡地画
⑧ 热带雨林中的玛雅都市
⑨ 秘鲁神秘的太阳门
⑩ 印加人的结绳记事遗物

⑪ 法国的巨石阵
⑫ 马耳他巨石文化时期的地窖
⑬ 罗马地下墓穴
⑭ 特洛伊古城遗址
⑮ 罗马古城——赫库兰尼姆

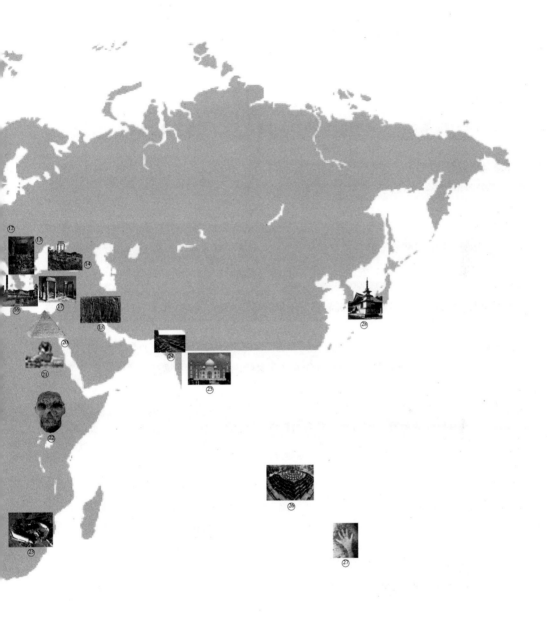

⑯ 阿迪密斯神庙遗址      ㉑ 埃及狮身人面像      ㉖ 印度尼西亚婆罗浮屠

⑰ 罗德岛上太阳神殿遗址      ㉒ 东非古人类活动遗址      ㉗ 澳大利亚岩洞中的大手印

⑱ 尼尼微古城浮雕      ㉓ 大津巴布韦石头城遗址      ㉘ 韩国海底王陵

⑲ 非洲沙漠中的岩画      ㉔ 摩亨佐·达罗城遗址

⑳ 埃及胡夫大金字塔      ㉕ 印度泰姬陵

# 本书中的世界文化遗产一览表

**【印度】**
泰姬陵：1983 年，联合国教科文组织将其作为文化遗产，列入《世界遗产名录》。

**【印度尼西亚】**
婆罗浮屠：1991 年，联合国教科文组织将其作为文化遗产，列入《世界遗产名录》。

**【巴基斯坦】**
摩亨佐·达罗古城：1980 年，联合国教科文组织将其作为文化遗产，列入《世界遗产名录》。

**【韩国】**
庆州石窟庵和佛国寺：1995 年，联合国教科文组织将其作为文化遗产，列入《世界遗产名录》。

**【希腊】**
罗德岛：1988 年，联合国教科文组织将其作为文化遗产，列入《世界遗产名录》。

**【马耳他】**
马耳他巨石文化时代的神殿：1980 年，联合国教科文组织将其作为文化遗产，列入《世界遗产名录》。

**【英国】**
巨石阵：1986 年，联合国教科文组织将"巨人之路"和"巨人之路"海岸作为自然与文化遗产，列入《世界遗产名录》。

**【智利】**
复活节岛：1995 年，联合国教科文组织将其作为文化遗产，列入《世界遗产名录》。

扫码获取更多资源

【哥伦比亚】

圣奥古斯丁考古公园：1995年，联合国教科文组织将其作为文化遗产，列入《世界遗产名录》。

【墨西哥】

特奥蒂瓦坎古城：1987年，联合国教科文组织将其作为文化遗产，列入《世界遗产名录》。
奇琴伊察古城遗址：1988年，联合国教科文组织将其作为文化遗产，列入《世界遗产名录》。

【秘鲁】

纳斯卡巨画：1994年，联合国教科文组织将其作为文化遗产，列入《世界遗产名录》。

【美国】

弗德台地国家公园：1978年，联合国教科文组织将其作为文化遗产，列入《世界遗产名录》。

【阿尔及利亚】

阿杰尔的塔西利岩画：1982年，联合国教科文组织将其作为文化遗产，列入《世界遗产名录》。

【埃及】

大金塔及狮身人面像：1979年，联合国教科文组织将其作为文化遗产，列入《世界遗产名录》。

【津巴布韦】

大津巴布韦城：1986年，联合国教科文组织将其作为文化遗产，列入《世界遗产名录》。

**图书在版编目（CIP）数据**

世界考古未解之谜 / 胡志峰 蒋祝平编著 .—2 版 .—北京：光明日报出版社，2004（2025.1 重印）（图文未解之谜系列）

ISBN 978-7-80145-945-9

Ⅰ.①世… Ⅱ.①胡…②蒋… Ⅲ.①考古学史—世界—通俗读物 Ⅳ.① K85-49

中国国家版本馆 CIP 数据核字 (2004) 第 141413 号

# 世界考古未解之谜

SHIJIE KAOGU WEIJIE ZHI MI

编　　著：胡志峰　蒋祝平

责任编辑：李　娟　　　　　　　　　责任校对：乔　楚

封面设计：玥婷设计　　　　　　　　封面印制：曹　诤

出版发行：光明日报出版社

地　　址：北京市西城区永安路 106 号，100050

电　　话：010-63169890（咨询），010-63131930（邮购）

传　　真：010-63131930

网　　址：http://book.gmw.cn

E – mail：gmrbcbs@gmw.cn

法律顾问：北京市兰台律师事务所龚柳方律师

印　　刷：三河市嵩川印刷有限公司

装　　订：三河市嵩川印刷有限公司

本书如有破损、缺页、装订错误，请与本社联系调换，电话：010-63131930

开　　本：　170mm×240mm

字　　数：125 千字　　　　　　　　印　　张：10

版　　次：2010 年 1 月第 2 版　　　　印　　次：2025 年 1 月第 3 次印刷

书　　号：ISBN 978-7-80145-945-9

定　　价：27.80 元